사랑은 무슨?

김우연 생활수상집

사랑은 무슨?

도서
출판 동행

기본과 원칙을
삶의 지향 모토로 삼고 살다 보니
참으로 춥고 외로웠다.
하지만 언제나 당당하자,
세상이 알아주지 않더라도
내 자신에게라도 그리 하자는 마음으로
지금까지, 그리고 남은 살이도
그렇게 살려 한다.
단 하나 나의 버틸 힘!

감사합니다.
더 많이 사랑합시다.

2023년 5월에
김우연

제1부 | 늘 처음처럼

제2부 | 내일은 또 온다

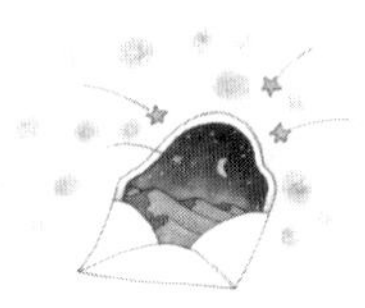

제3부 | 베란다에 놀러 온 햇살

제4부 | 오늘은 내일의 어제

김·우·연·생·활·수·상·집

=

사·랑·은·무·슨?

제1부

늘 처음처럼

무슨 죄목에 속하나

일주일이 그냥 숨 가쁘게 지나고 만다.

'이번 주에는 내가 무슨 일을 하려 했었지? 아니, 그걸 빼먹었구나! 어마, 그 일을 까먹었네!'

이 얼마나 무책임하고 어리석은 자문자답인가?

일주일 내내 동당거리기만 했지, 딱히 무엇을 했는지 전혀 기억나지 않고 아무런 성과가 없는 일주일은 내내 무력감에 시달리게 한다.

오늘 새벽엔 아예 눈이 붙어 버렸는지 도저히 떨어지지 않았다. 솔직히 말해서 금요일만 아니면 조금 더 잤으면 싶었다.

때론 영악하고 약아빠진 생각으로 마치 '케 세라 세라Que sera sera(될대로 되라)'를 외쳐 대는 작부처럼 그저 빨리 시간만 흘러 버려라, 내일이 온들 내게 무슨 영광이 있다고!

하루에도 수십 번씩 내가 부여잡고 안간힘으로 버티고 있는 외줄을 놓아 버리고 싶을 때 다시 한번 거머쥐는 오기는 과연 어떤 의미일까?

생각이 곧 팔자라고?

이 얼마나 우스꽝스럽고 낡아빠진 사고방식에서 비롯된 발상인가!

아니다. 요즘 신종플로보다 더 위에서 뜨는 유행어 중 '아브라카다브라Abracadabra'다.

그래, 모두 이루어질 거야!

우리가 살면서 주어진 시간만 잘 관리한다면 그 사람은 성공한 것이라고 생각한다.

흘러가는 시간을 외면하면서 흘려보내 버리는 어리석음을 수시로 반복하면서도 가슴에 통증을 느낄 수 없다면?

내게 주어진 일주일은 너무 허망하게 지나고 말아 늘 배가 고프다.

언제나 그렇듯 계획한 모든 것들이 정상궤도를 이탈했을 때의 허기는 그 무엇으로도 메울 수 없어 공황상태가 된다.

내게 주어진 시간을 낭비하는 것은 무슨 죄에 속할까?

아름다운 집

내가 다니는 교회 겸 노인휴양시설 간판이 '아름다운 집'이다.

난 가슴이 시리거나 허전할 때 그곳으로 차를 몰고 간다.

시내에서 한참을 달려가면 멀리 보이는 아름다운 집!

안개가 끼거나 운무가 낄 때는 정말 몽환적이고 넋이 나갈 만큼 아름다운 그곳!

교회 식구는 열 가정이지만 20명이 채 안 되는 아주 조그맣고 이름 그대로 아름다운 집이다.

사시사철 다른 느낌으로 아름다운 그곳에 나간 지 올해로 4년이 된다. 모태신앙으로 교회에 다녔던 내가 굳이 그곳으로 나가는 이유는 열거하기 귀찮으리만큼 많다.

사도 바울처럼 살고 있는 목사님, 언제나 신선함을 추구하고자 하는 사모, 가끔씩 잊지 않고 찾아 주는 아름다운 분들, 그리고 그곳에 상주하는 정말 아름다운 식구들! 모두가 아름답게 살아가는 사람들이 함께 웃는 그곳을 난 사랑한다.

난 그곳에 가면 몸으로 때울 게 하나도 없어 늘 죄송하고 부끄럽다.

몸으로 봉사할 수 있다는 게 얼마나 크나큰 축복인가?

난 그곳에서 만난 한 여인을 맘속으로 너무 사랑한다.

중국 연변 최고의 배우 리옥희!

그녀가 한국에 왔을 때 건강상의 문제로 우리 목사님과 연결이 돼 아름다운 집으로 왔고, 지금은 많이 좋아져 공연을 위해 자주 중국에 왕래하고 있다.

그 유명한 배우가 시간이 허락할 때마다 겸손하게 앞치마를 입고 쓸고 닦으며 부지런히 청소하는 모습을 볼 때마다 난 가슴이 뛴다.

뭔가를 해 주고 싶은데 어떻게 해야 할지 방법이 서툴러 가끔 당황하는 내게 그녀는 언제나 '언니!' 하면서 따뜻하게 말을 걸어 준다. 그리고 아름다운 집 식구들을 위해 가끔 배꼽 빠지는 공연도 잘해 준다.

내가 본 그녀는 참으로 겸손하고 내면이 아름다운 사람이다.

그녀가 어느 날 고 노무현 대통령 생가에 갔을 때,

"당신이 이렇게 떠나지 않았다면 감옥에 계시겠죠?"

하는 말을 들으면서 그녀의 진심을 보고 말았다.

내 가슴을 자주 훈훈하게 덥혀 주고, 내 삶의 이상향이 될 그런 곳으로 오래오래 남아 주기를 바라 마지않는다.

사람만이 멘토가 될 수 있다는 생각은 편견일 수도 있다는 생각이 든다.

큰 나무 밑에는 쉬는 사람이 많다는 것을 좀 더 많은 사람들이 알고 실천하는 세밑이 됐으면 하는 바람에서 이 아침 아름다운 집을 떠올려 봤다.

나 자신과의 소통

맥없이 숨을 쉰다는 것은 참으로 서러운 일이지 싶다.

건강이 안 좋은 탓도 있었지만 그냥 맥이 풀린 탓인지 정신을 추스르지 못한 상태에서 병원의 힘을 빌려 겨우 한 주를 보냈던 것 같다.

어른들이, 많은 사람들이 자주 쓰는 말—

"만사가 귀찮아!"

이 얼마나 맥없고 슬픈 단어인가를 일주일 내내 절감했지 싶다.

정말이지 손가락 하나 까딱하기 싫은 그런 시간을 보냈다.

내 가슴에서 빚어지는 그 많은 통로들을 막아 놓고 정상으로 숨 쉬기를 기대하고 있었다면 너무나도 치기 어린 그 무엇이고 얼빠진 행동이리라!

좀 더 젊고 내 자신에게 당당할 때엔 부정했던 일상들이 이제야 철이 든 듯 하나둘 가슴에 송곳이 되어 콕콕 쑤셔 박힌다. 도저히 내려놓고 싶지 않았던 짐들을 이제 패대기치듯 하나 내던져 놓고는 지혜라기보다는 서럽고 아까워서 몇 날 며칠을 꺼욱꺼욱 울어 대는 미련을 떨었다. 아마도 난 나 자신과의 소통을 위해 생살을 깎는 아픔을 끌어안고 있었나 보다.

난 가끔씩 '내 복에 웬 난리?!'를 뇌까린다.

허깨비 모양으로 뇌 구조가 좀 이상해진다거나, 헛물켜듯 좀 편안해지고 싶어 안달 날 때가 아니면 언감생심 누구에게든 내 짐을 대신져 달라고 말할 수 없으리만큼 내 삶은 여섯 살 때부터 곤고하고, 내가 짊어지기에는 너무 버거운 그런 살이였지 싶다.

부모가 부자였을 때도, 부모가 떠난 뒤에도, 형제들이 호의호식할 때도 역시 난 당연한 듯 무거운 짐들을 스스로 짊어지고, 아무리 무거워도 내려놓으려 애쓰지 않았던 것 같다.

지난달에 귀국해서 새 직장에 나가는 딸아이가 전화를 걸어 왔다.

"엄마! 나 9월 초에 캐나다로 갈 거야. 거기 가면 영주권도 준다는데, 엄마 데리고 갈게!"

"달나라를 가든 어디를 가든 네 맘대로 해. 넌 참 오라는 데 많아서 좋겠다. 끊어!"

들떠 있는 딸아이한테 말로는 차마 못하고 전화를 끊으면서 '내 복에 웬 난리!' 하고 중얼거렸다.

그래! 어찌 됐든 내 의무라고 생각해서 그 애한테 날개를 달아 줬으니 그것으로 만족하며 살자꾸나! 더 이상 다른 것을 바란다면 내가 오히려 이상한 사람이 되고 말 것 같다.

점점 약해지는 내 건강상태를 조금만 더 체크하면서 이보다는 좀 더 강해져야만 될 것 같다.

그렇다면 나 자신과의 소통이 가장 큰 문제이리라!

난 이 순간에도 나 자신과의 소통을 위해 큰 숨을 들이마신다. 더 큰 내일, 더 큰 나무가 되기 위한 소통이 되기를!

아침 풍경

오늘 아침엔 과식을 한 것 같다.

건물 청소하는 언니들 동갑네 대여섯이 아침엔 내 사무실로 차 한 잔씩 하러 온다. 7시부터 청소 시작인데, 대부분 나처럼 아침을 굶고 나오기 때문에 일행 중 누구든 집에 먹을거리가 있으면 가져와 누구의 핸드폰에서 7시를 알리는 뻐꾸기 소리가 날 때까지 이런저런 얘길 나누며 차와 함께 먹고 마신다. 그걸 시기해서 다른 사람들 입에서 이런저런 얘기가 들리기도 하지만 대부분 묵살하는 편이다.

오늘 난 단감과 커피를 가져왔고, 윤례가 지난 토요일에 딸을 여의었다고 떡과 귤을 가져와 아침상이 풍성했다.

사람이 움직이고 난 자리에선 늘 먼지나 뒷소리가 나는 법이지만, 우린 서로 남을 헐뜯거나 하는 일 없이 일상적인 이야기로 웃으면서 하루를 여는 것이다. 벌써 몇 년 동안 이어 온 아침행사여서 서로 미운 정 고운 정을 다 나눈 사이들이다.

"우리 늙어서도 이렇게 모여 살자!"

"좋지~."

이렇게들 사이좋다가도 걸핏하면 토라져 버리는 아줌마들의 습성을 잘 알기에 난 가끔씩 브레이크를 걸고 개개인의 성격을 파악해서 중재 역할도 잘하는 편이다.

참 괜찮은 사람? 과연 어떤 사람이 참 괜찮은 사람일까? 살면서 나도 모르게 참 괜찮은 사람이야! 라는 생각이 드는 사람을 볼라치면 난 가슴이 와랑와랑 떨리곤 한다. 그리고 갑자기 부자가 된 그런 느낌은 말로 표현하기 힘들 만치 행복하다.

나도 타인에게 '김우연 그 사람 참 괜찮은 사람이야!' 그리 어필됐음 참 좋겠다.

오늘부터 일주일간 점장이 나오지 않는다. 20년 근속이라고 회사에서 부부동반 해외여행을 보내 줬단다. 일주일은 참 편안할 듯싶다.

부담스러운 사람, 아니 가까이하기엔 너무 먼 당신들! 내게 있어 내 근자들은 맘에 들지 않는 부분이 있어 경계를 하고 있는지도 모르겠다. 탐탁지 않고 믿음직스럽지 않은 마음에 곱지 않은 시선을 주게 되어 가능한 한 그네들과 부딪치지 않으려고 애를 쓴다. 어지간한 일은 묵과하려 애를 쓰다가도 '이게 아닌데?' 싶으면 아무도 못 말리게 들고일어나는 나를 윗선에서도 알고 있는 듯 웬만하면 날 건드리지 않는다. 웃긴다.

8시 반이 넘었는데 아직 아무도 나오지 않는다. 평소 두세 명은 나왔는데 점장이 없으니! 보상팀에서는 조회가 시작됐는지 시끄럽다.

이 아침, 참으로 자유롭다는 생각에 여유롭다.

참 행복한 아침이다. 이번 주 내내 이렇듯 행복할 것이다.

내게 잠재해 있던 아드레날린을 모두 한 방에 날려 버린 것 같은 이 행복감이여!

성격 탓일까

무슨 일이든 말끔하게 해결하지 않으면 체증에 시달려 아무 일도 하지 못하는 껄끄러운 성격을 어쩌지 못해 스스로 달달 볶는다.

지난달 말부터 회사와 영업소 입장만 내세우며 미뤄 오던 일 때문에 매 순간 스트레스였는데, 소장은 매번 다음 주 다음 주 하면서 미루더니 오늘 드디어 전화가 왔다.

"제가 오죽하면 이렇게 부탁하겠습니까? 절 봐서라도 3월 초까지만 참아 주세요."

화가 머리끝까지 치밀었지만 얼굴도 보이지 않는 전화상인데 어쩌겠는가. 갑자기 가슴이 꽉 막혀 옴을 느끼며 순간 통증을 느낀다. 숨이 턱턱 막힐 만큼 먹먹해지는 아픔을 달래고자 온종일 방황해야 되는 내 생활이 진저리나도록 싫다.

정말이지 내가 현실에 걸맞지 않는 '모지란'이란 말인가?

참을 수 없어 확 뒤집어 버리고 싶은데 결론은 맘이 약해 누가 걸리고, 누구 때문에 참고 거르고, 그러려니 하면서 배겨 내는 것도 신물이 난다. 아니, 그래야만 하는 내가 정말 싫다.

온종일 내 가슴은 심한 체증에 절절맨다.

무인도에 가서 살고 싶다. 난 어쩔 수 없이 현실에 걸맞지 않는 인간인가 보다.

밉다. 그리고 원망스럽고 억울하고 분하고 견딜 수 없는 분노가 진종일 나를 협박하고 목을 졸라맨다.

이런 때 다른 이들은 어찌 해결하고 처리하면서 살까?

하루에도 수십 번씩 천 길 낭떠러지 밑을 바라보면서 두려워하고 있다.

아슬아슬한 외줄 위에서 안간힘을 다하는 모습이 안타까워 눈물이 흐른다.

시간이 흐르고 천년이 지나도 변하지 말아야 하는 기본이 있어야 하는데 왜들!

아프지만 살아 있으리라.

혼신의 노력으로 마지막까지 살아 있으리라.

내 눈물이 천년을 흘러 마를지라도 기어코 견뎌 내며, 내 어깻죽지를 찢어발기는 통증쯤은 참아 내리라.

머리에서 가슴까지 가는 길이 마지막까지 내게 고통을 안겨 준다 해도 기필코 그 거리를 좁혀 보리라.

그리고 제일 두려운 내 자신에게서 자유로워지리라.

이웃에 대한 나의 사고

아직 미혼인 후배가 어느 날!

“언니, 내가 TV를 보다 웃었는데 당장 인터폰이 왔어. 누가 시끄럽다고 신고했다나!”

환장할 노릇이다. 어떻게 그런 일이!

난 우리 옆집 아주머니를 처음엔 중증 장애인 정도로 생각했었다. 문밖에 항상 쓰레기가 넘쳐 있고, 음식물 찌꺼기가 흘러 바닥으로 번지는 통에 스트레스가 쌓였다. 후배들은 우리 집 찾기가 힘들 때 승강기 열린 후 냄새 나면 찾는다고 웃었다.

나중에 보니 그 아줌마는 새벽예배에도 빠지지 않는다. 그런 몰상식한 사람이 내 이웃이다. 입주한 지 5년이 다 되는데도 여전하다.

어제 퇴근하는데 승강기에서 만난 아래층 여자가 묻는다.

“댁에 아기 왔어요?”

“무슨 말씀이세요?”

“며칠 아이 소리가 나서요.”

그냥 내리고 나서 생각하니 괘씸했다. 다음에 만나면 꼭 한마디 해 주고 싶을 만치 괘씸하다. 난 정말이지 조용한 상태인데….

어느 날 밤에 인터폰으로 아기가 우는가를 물었던 경비원….

“아이 울음소리조차 못 들으면 무인도에 가서 살아야지, 어느 넋 나간 사람이 그런 걸 신고해요?”

“그래도 저흰 신고가 들어오면 확인을 해야 해요!”

그리고 이사 왔을 즈음 집들이했냐며 쫓아와 초인종을 두 번 눌렀던 그 여자.

같은 아파트에서 공동체로 생활하다 보면 사람 사는 소리는 당연히 들어야 되는데, 그걸 경비실에 신고하고 그런다는 것은 납득이 되지 않는다. 그리고 사람 사는 냄새를 모르는 사람은 무인도 아니면 산속에서 살아야 되는 것 아닌가?

사실 나도 혼자 있다 보니 밤 10시 넘어 벽에 못을 박고 드릴로 들들대면 짜증도 난다. 그리고 밤새 부부싸움 소리가 나면 아예 잠자는 걸 포기해 버린다.

내게 있어서 좋은 이웃이란—

언제 마주쳐도 서로 웃는 얼굴로 인사할 수 있고, 내가 부재중일 때 오는 택배를 아무 부담 없이 받아 달라고 부탁할 수 있으며, 긴급한 상황이 벌어졌을 때 서로 ‘도와주세요!’ 할 수 있는 이웃이다.

우리의 이웃이 이런 사이라면 얼마나 가슴이 훈훈할까!

나도 타인에게 좋은 이웃이고 따뜻한 이웃이고 싶다. 내가 좋은 이웃이 되고 싶은 까닭으로 하루를 넉넉하게 보내고 싶다.

백동白童

나는 '백동'이란 말을 참 좋아한다.

내 블로그가 '백동의 방'인데, '백동'이 무슨 뜻인지 궁금한 사람들이 많은 모양이다.

백동은 흰 백白에 아이 동童이란 뜻이다. 내가 존경하는 은사님께서 지어 주신 호號이다. 깨끗하고 순수한 아이처럼 살라고 지어 주셨을 게다.

오늘은 하루 종일 땀이 비 오듯 한다. 선풍기 바람을 싫어하는 편이어서 땀이 줄줄 흘러도 그냥 앉아 있는 편인데, 오늘은 너무 더워 선풍기를 돌리고 앉아 있다.

진종일 꾸물거리는 하늘을 바라보다 문득 지난주 하염없이 창밖을 내다보고 있던 아름다운 집 윤기순 할머니가 생각났다. 넋을 놓고 앉아 계신 모습을 나한테 자주 들키시던 할머니가 자꾸 눈에 밟힌다.

치매기가 약간 있는 분인데 3주 전에 할아버지가 돌아가셨다. 구십이 다 되실 때까지 항상 곁에 계시던 분이라 그리움이 더 크신 것일까 생각하니 '부부의 연'이란 게 참으로 신비롭다는 생각이 든다.

부부의 연에 대해 오랫동안 외면하고 살아온 나도 어디에서건 젊으나 늙으나 부부가 다정하게, 표현이야 어떻든 자기들 나름대로 서로 정을 주고받는 모양새가 참으로 아름답다는 생각을 젊어서부터 했었다. 아마 부러웠는지도 모르겠다. 부부끼리 참 좋아 보이는 사람들은 있는 그대로 아름답다.

아름다운 집 윤 할머니도 먼저 가신 할아버지가 얼마나 그리우실까 생각하니 마음이 아프다.

난 죽음에 대해서는 잘 모르지만, 확실히 말할 수 있는 것은 죽으면 다시는 볼 수 없다는 것이다.

갑자기 그리움이란 단어가 목울대를 간질여 아무것도 할 수 없게 만들고 있다.

백동, 조금만 더 강해지자. 하얀 모습은 그대로 지니고 말이다.

알았지?

가장 두려운 적

어제 아침 출근하면서 어깨 근육통이 심해 오늘은 꼭 한의원에 들러 사혈도 하고 침도 맞아야지 하면서 시간을 쪼갰다. 그러나 웬걸, 하루 종일 화장실 한 번 가고 점심 잠깐 먹은 거 외엔 오후 4시 반까지 정신없이 바빴다.

봄이 오니 차를 바꾸는 사람이 많은가 보다. 원래 우리 일이 무조건 해야 되는 그런 것들이 많다. 안 해도 되는데 고객이 부탁하면 하는 걸 원칙으로 하다 보면 하루 종일 무슨 헛짓인가 싶은 생각이 들 때도 있다. 하지만 어쩌랴.

고객들은 모른다, 우리의 고충을. 그들 개개인은 한 통의 전화지만 우린 수십 통의 전화를 받는다. 얼굴이 보이지 않는다 해서 무조건 반말에 욕지거리, 때론 하소연까지 받아 주다 보면 머릿속이 수세미 속 같다. 전화 스트레스가 얼마나 많은지…. 그래도 언제나 친절하게 속없이 웃어야 된다.

그러다 보면 하루가 언제 흘렀는지 모르고 내 일은 일대로 미뤄지고, 시간은 재빠르게 흘러 한 주, 한 달, 일 년이 반복되다 보니 어느

새 13년이 흘렀다.

매번 그런다. 오늘은 누구한테 전활 걸어 점심이라도 먹으면서 그동안 소원했던 감정을 털자.

이런 계획을 매일매일 세운다. 그러나 번번이 무산되고 만다. 이게 내 일의 현실이다.

언제나 느긋하게 한가한 직원들을 보면 가끔씩은 부럽다. 저렇게들 여유로운데 왜 나만 정신없이 바쁜지 모르겠다.

워낙이 굼벵이라 그런지, 아니면 내 일을 남에게 맡기지 못하고 가장 완벽하지 못하면서 완벽한 척을 하려니 얼마나 고달픈지….

'대충대충'이라는 단어가 내 상식으로는 이해되지 않는 것처럼 나도 때로는 나 자신이 이해되지 않고 가장 두려운 적으로 와 닿기도 한다. 새벽에 눈을 뜰라치면 매일 망설인다.

"오늘 정말 힘들다. 좀 쉬다 나갈까? 아냐 지금 못 일어나면 오늘 못 나가!"

매일 똑같은 시간에 출근하면서 놀아도 사무실에 가서 놀자 했는데 이젠 체력이 너무 딸린다. 운동부족일 수도 나이 탓일 수도 있다. 가장 큰 문제는 내 마음에서 흔들림이 거세어지고 있다는 것이다.

그럼에도 불구하고 어제 근육통에 정신없이 바쁜 와중에도 정말 오랜만에 예전의 나를 보는 것 같아 뿌듯했다.

앞으로도 그렇듯 열심히 내가 살아 있음을 느끼면서 늘 처음처럼 그랬듯이 지치지 않고 의미 있는 타인이고 싶다.

이제 3월이 시작돼 재빠르게 재촉할 텐데 굴하지 않기를.

오늘도 아자!

겨우 정신을 추스르다

출근을 하지 못했다.

아니, 정확하게 말하면 출근하기 싫어서 하루 뭉갠 기분이다.

손님이 오셨고, 어디 드라이브라도 시켜드리고 싶었는데 기운이 없어 고민하던 차에 직원이 같이 가 주겠다고 해서 서천 홍원항을 다녀왔다. 암튼 다녀오는 것만도 내 육체에겐 버거운 하루였지 싶다.

견디기 힘든 하루였다. 소장이라는 사람은 문자로만 상대하려 해서 스트레스는 극에 달했고, 무엇을 하든 매사에 짜증으로만 직결되고 있다.

결국은 나에게 부여되는 부당함들이 소장의 이기심과 그들의 착취가 더욱 돋보여 약이 오르고 생각할수록 분하다. 과민한 신경 탓으로 걸핏하면 소화불량으로 내 영육은 서서히 사위어 가고 있고, 내 가슴에 품고 있던 열정이 식어 가고 있어 두렵다.

내가 얼마나 소명감을 가지고 혼신을 다해 내 일을 했는데, 나보다 고객과 회사의 이익을 먼저 생각하면서 모든 열정을 다 바쳤는데, 오로지 그 달에 보여지는 실적 하나만으로 모든 것을 평가하는 그런 제도에 못 견뎌 하고 있다. 그저 그러려니 하는 마음으로 매사 느긋해지고 긍정적이고 싶은데….

미운 사람이 하나씩 늘고 있다. 적이 하나 둘 늘어 가는 느낌이다. 아니, 내 스스로 적을 만들고 있는지도 모르겠다.

하루 종일 내 스스로 일하고 싶은데 신경 곤두서는 일이 너무 많아 일이 손에 잡히지 않는다.

잘 지내고 싶다. 이틀 동안 맥을 못 출 만큼 앓고 났더니 가만히 앉아 있을 힘도 남아 있지 않다. 걸핏하면 쓰러질 듯 피곤하다.

좀 편안하게 쉬고 싶다는 간절함이 이 밤도 강하게 뇌까림으로….

아! 지독한 이 아픔에서 헤어나 살고 싶구나!

서해안의 그 푸르른 바닷물이 일렁이며 내 뇌리에서 떠나지 않는다. 내 살이가 그처럼 자유롭기를 원한다면 치기 어린 이기심인지!

자유롭고 싶다.

그리고 숨 쉬고 싶다.

오늘 하루의 모든 투자에 기쁨을 느끼고 싶다.

마지막까지 사랑하고 싶다.

내가 살아 낸 하루하루에 결코 후회나 아픔이 없기를 간절히 염원해 본다.

나는 나를 다스릴 줄 안다

많이 울고 싶었던 날들도 시간 속에 묻혀 사라지고 마는 법인 듯하여 이 순간 배시시 웃어 본다.

그제는 자학하듯 술에 빠져 있었고, 언제나 그렇듯이 술 마신 다음 날엔 장거리운전으로 자신을 달달 볶아 대는 못된 습성!

새벽에 눈이 제법 쌓여 조심조심 사무실에 나와 지금껏 이런저런 다듬기에 여념이 없다가 좀 전 선배 카페에 몰래 들어가 고 이태석 신부의 해맑은 모습을 훔쳐보고 왔더니 조금은 가슴이 풀린 듯하다.

'지금도 눈이 내릴까? 많이 오면 출근시간이 혼잡할 텐데….'
하는 여유로움마저 느끼고 있다.

얼마나 간사하고 또 나약한가?

'정말이지 힘들어서 더는 못 견디겠어. 차라리 모든 걸 다 패대기쳐 버리고 어디론가 도망치고 싶다. 매 순간 내게 달려드는 산 넘어 또 산을 어찌 또 헤쳐 나가야 되지? 잡았던 끈을 놓고 싶다. 차라리 아침에 눈을 뜨지 말았음 좋겠다. 흑!'

하루에도 몇 번씩 이렇듯 뇌까리는 내 삶이가 마치 코미디 같고 줄 타는 광대 같아 너무 싫다.

"피할 수 없으면 즐겨라!"

부닥쳐 오는 상황을 도리 없이 피할 수 없다면 굳이 피해 가려 하지 말고 정면 승부하라는 말일 것이다.

성인들은 자신을 완전히 불태워 버리는 데 주저하지 않는 아름다움을 맘껏 연출하는데 나는 기껏해야 겨우 자신의 안위에 빠져 숨을 헐떡이고 있으니 이 얼마나 창피한 일인가.

며칠 동안 스스로에게 가혹한 벌칙을 내린 탓인지 육신은 많이 힘들고 버거워도 내 영혼만큼은 지금이 최상인 듯 가볍고 상큼하게 느껴지고 있다.

더 많이 노력하고 더 많이 사랑할 것을 다짐해 본다.

내가 살아 있는 동안에 그 어떤 어려움이 내 갈 길에 걸림돌로 막아서도 결코 주저앉거나 물러서지 않으리라.

내 비록 성인이 되지는 못해도 내게 주어진 달란트는 100배의 성과를 얻어 내는 데 최선을 다하리라.

그 누구의 억압이나 구속에 두려워 떨지 않고 오직 경외하는 그분과 나와의 관계 속에서는 떳떳하고 당당하게 맞설 것을, 그리고 승리할 것을 이 순간에도 굳세게 다짐을 해 본다.

사랑하는 이들이여 오늘도 넘치게 행복하기를!

이런, 이런

간밤, 3시가 넘도록 눈을 붙이지 못한 기억과 분명 4시 반에 알람을 끈 기억이 뒤엉켰다.

느낌이 이상해서 시계를 보니 5시 45분!

마치 뜨거운 불에 덴 것처럼 벌떡 일어났다. 정신없이 서둘러 도착하니 6시 33분!

"웬일로 우연 씨가 늦었네?"

"저도 늙었나 보네요. 늦잠을 다 자고!"

경비아저씨의 말에 열없게 웃어넘겼지만 난감한 기분이 자꾸만 밀려들었다.

스스로에게 용납되어지지 않는 부분들이 깔끄럽게 달려든다. 변화라는 걸 못 견뎌 하는 어리석음, 요즘 들어 엄습해 오는 그 무엇이 나를 다그친다. 회사가 통합되고 새로운 해일이 밀려드는 것처럼 어수선하고 어리둥절해질 것을 미리 염려하는 모양이다.

다행히 이사는 가지 않아 한시름 놓긴 했어도, 이런저런 신경이 곤두서고 내부에서 흐르는 혼탁한 공기가 을러대는 그런 느낌으로 받아

들여지는 것 같아 매사가 어설프다.

오늘이 성탄 이브, 내일부터 연달아 하루 더 쉬는데, 그리고 30일과 31일 이틀은 모든 전산이 마비돼 그 안에 모든 마무리를 차근차근 해야 되는데, 이거 원 무슨 놈의 분탕질이 이렇듯 나를 흔들고 있는 것인지!

내가 해야 될 일들은 빠짐없이 하고는 있는데 가슴속에 자리 잡고 있는 이 무거움은 뭐란 말인가?

간밤 딸아이가 전화를 걸어 한참 동안 수다를 떨었다. 설날 때 2주 정도 휴가로 입국한다며, 같이 여행을 가잰다. 좋다고 말은 했지만, 그럴 수 있는 마음의 여유가 생길는지 모르겠다.

자꾸만 엄습해 오는 이유 없는 그 무엇을 바라보며 회의 같은 게 쌓여 간다.

이런 자세는 절대 안 된다고, 그리고 내 성격상 어울리지 않는다고 뇌까리면서도 난 또다시 깊은 늪에서 흐느끼듯 중얼거린다.

"변화는 정말 귀찮아!"

그래, 헤어나야 된다. 도태되어선 절대 안 된다.

힘을 내자!

그리고 끝까지 살아남자!

이보다 몇 배 더 힘들게 조여 와도 흔들리지 말고 마지막까지 최선을 다해 해 보는 거다.

그래도 안 되면 당당하게 백기를 들리라!

가슴이 답답하다

"엄마, 여덟 시 사십 분 버스로 내려가네. 오늘 아님 엄마를 못 보고 갈 것 같아. 내일 새벽에 다시 올라와야 해!"

토요일 비행기로 1년 동안 리비아로 파견근무를 떠나는 딸아이, 무슨 특별한 이유도 없이 막막하고 답답하다. 갑자기 딸아이 말이 생각난다.

"엄마, 일 년 동안 파견 간다고 생각함 막막하네. 일 시킬 때는 사오 년 경력자처럼 부려먹으면서 대가를 줄 때는 일 년도 안 되는 경력을 들먹여 헷갈린다니까…. 이해가 안 돼."

"현실이 그런 거야. 그러니 잘 참고 해야지."

"계약을 일 년 했는데 하기 싫음 어쩌지?"

"넌 잘하니까, 잘 견뎌 낼 수 있을 테니 염려 마."

오랜 시간 떨어져 살았기 때문에 이번에도 아무렇지 않게 보낼 줄 알았는데, 몇 날 동안 내내 오랫동안 안고 있는 체증처럼 갑갑하고 간헐적으로 두통이 몰린다.

내게 있어서 유일한 핏줄인 딸아이에게 혼신의 노력을 다해 뒷바라지를 했지만 그 애한테는 늘 무거운 채무감에 어깻죽지를 찢어발기는 듯한 통증을 동반하며 답답하다.

앞으로 1년 동안은 또 떨어져 살아야 되는데….

습관되어지지 않는 이별 앞에서 언제나 혼절하리만큼 두려운 게 이별이다.

가장 가벼운 사이라도 이별이란 그냥 숨통을 막아 버리는 그런 통증을 동반하기에 순간 나의 세포 마디마디는 예리한 칼끝으로 후벼 파헤쳐지는 듯 고통스럽다.

용감해지고 싶다. 좀 더 의연하게 견뎌 내고 싶다. 그리고 진실로 웃고 싶다.

아파하는 것을 그만 하고 싶다면 치기 어린 이기심일까?

기대

내 몸에서 뭔가가 한 뭉치 빠져나간 기분으로 종일토록 언저리에서 어정거렸다.

7월부터 기다림은 하루가 다르게 나를 다그쳤었다.

딸아이가 휴가를 온다고 나의 기다림을 배가시켰고 매주 나를 달뜨게 하기에 충분했다.

지금 방송에선 정태춘의 「촛불」이 잔잔히 흐르고 있어 더욱 쓸쓸하다.

7년 넘게 떨어져 있다 작년 7월에 귀국해서 겨우 얼굴 서너 번 보여 주고는 해외 파견근무를 떠난 후 내내 그리움을 숨기고 있었지 싶다. 그 애가 휴가를 온다기에 나름대로 휴가 계획도 세우며 기다렸는데 차일피일 미루다 8월이 됐고, 그래도 기대의 끈은 놓지 못했다. 오지 못한다는 얘길 안 했기 때문일지도 모른다.

어제 통화를 했다.

“언제 와?”

“엄마, 9월 16일에 그냥 뉴질랜드로 갈 것 같아. 여기가 바빠 휴가는 안 될 것 같아."

"그래, 할 수 없지 뭐."

표현할 수 없는 그 무엇이 와르르 무너지고 있었다.

많이 그리웠나 보다.

아니다, 보고 싶었다.

일부러 메일도 보내지 않았고 통화 중에도 그냥 잘 지내고 건강해, 그리고 사랑해! 이런 식으로 일축해 버렸지만 애간장이 탈 정도로 그리움이 더해 갔던 시간들 속에서 애써 참았었다.

평생 그리움의 끈을 놓지 못하고 사는 게 지겨워 되도록이면 보이지 않으려 하며 살아 낸 날들이 허무로 달려들어 감당하기가 힘이 들었다.

보고 싶다.

어디 보고 싶은 게 딸아이뿐일까 싶어 모든 걸 덮어씌우고 사는 데 익숙한 척했었던 그 모든 게 한순간에 무너지고 만 기분에 온종일 허둥댔다.

기대하고 살지 말자를 수만 번도 더 뇌까리며 살았지만 오늘 하루는 너무 버거운 하루였다.

꾸역꾸역 뭔가를 삼키고 있는 듯한 그 무엇이 목울대를 간질여 미친 듯이 허튼 소리들을 패대기쳐 대곤 했다.

아무것도 하기 싫다.

욕구불만이 하늘을 찌를 듯이 솟구쳐 올랐고 감당키 힘든 그 무엇이 반란으로 이어지는 그런 하루였다.

사는 동안 내내 기대는 나를 홀대했었다. 크흐흐!!!

황사

봄이면 어김없이 찾아드는 불청객인 황사가 올해는 다른 해보다 일찍 극성을 부리기 시작한다. 어제 시간을 내서 세차했는데 밤새 내 차에 흙먼지를 흠뻑 뒤집어씌웠다. 이틀에 한 번꼴이다.

난 황사를 대국 누군가의 그리움의 잔재가 보고픈 사람을 찾아 우리 땅으로 문안인사를 오는 것쯤으로 생각하고 싶다.

황사로 인해 호흡기질환을 앓는 사람들의 고통도 있고 이런저런 고충이 있겠지만 황사가 무조건 나쁜 것만은 아닌 것 같다. 황사가 왔다 가면 녹조현상도 줄일 수 있고, 세차장은 돈을 벌고….

우와! 이런 얘기 계속 나열하다간 돌팔매질 당하기 십상이겠다.

암튼 황사가 있는 날은 운전 중에 창문도 열 수 없고, 집 안 환기도 맘대로 시킬 수 없고, 시야가 멈춘 곳 모두는 흐릿해 기분마저 우울해질 가능성이 높지만 난 그저 한 가지 좋은 점만 생각하기로 했다.

"녹조현상이 사라진다는군!"

이 아침 갑자기 우울해지려는 가슴을 다잡아 보고 싶어 별 억지를 다 써 보는 나 자신을 보면서 키득키득 웃어 본다.

동이 터 오는 창밖을 보면서 문득 커다란 그리움이 밀려온다. 내 가슴을 순간 멈추게 하는 듯 아려 오는 이 그리움은 뭘까?

살아 있는 사람이든 이승사람이 아니든, 난 그리움이 가슴을 비집고 들어오면 반미치광이가 되어 정신줄을 놓고 만다.

내가 살면서 단 한 번도 그리워하지 않을 것 같았던 어머니가 간밤 내내 나와 동행을 했다. 내 어머니가 말이다!

살아만 계신다면, 이승에 계시기만 하다면 어떤 수단과 방법을 동원해서라도 그 단단한 응어리를 풀어 볼 수 있을 텐데….

난 이 나이에도 어머니가 펄펄 끓는 기름을 내 귀에 붓는 악몽을 꾸기도 한다.

어머니, 지금은 어느 하늘 위에서 머리 풀어 헤치고 구천을 떠돌고 계시는지요? 너무 멀어 올 수 없다면 황사가 이 땅으로 날아올 때 당신도 함께 와 줄 수는 없나요?

이젠 당신을 미워하지도 원망하지도 않을 것입니다. 열 달 동안 나를 품었다가 세상 밖으로 내던져 주신 그 사랑 하나 간직하면서 살겠습니다.

그리움도 미움도 원망도 이젠 남기고 싶지 않습니다. 그냥 그곳에서 편안하게 지내시다 내가 너무 힘들어하면 한 번만 바라봐 주세요.

어머니!

오늘도 황사가 심하다는데 마스크는 쓰고 계셔야죠?

사랑합니다.

사랑합니다, 어머니!

길치

아직도 어제의 후유증이 남아 있는 듯 머리가 띵하다.

따지고 보면 상대에게는 아무것도 아닌데, 처음에는 아는 사람에 대한 배려로 시작했지만 똑같은 골목 근처를 20여 바퀴를 돌다 보니 나중엔 오기가 생겨 배고픈 것도 잊고 찾고 또 찾기를 한 시간 이상….

말할 기운도 없이 약은 오르고 화도 나고, 모든 게 짜증으로 이어지다 겨우 찾아 사무실에 들어가니 그곳 직원들이 점심을 먹고 있었다. 너무 배가 고픈 상태라서 눈물이 났다. 그 순간 빈말로라도 밥을 먹으라 했다면 얼른 달려들어 먹었을 것이다. 점심시간에 찾아간 내가 잘못이지, 하면서 다 먹기를 기다리는 내내 나의 식욕을 억제하느라 뜨거운 눈물이 흘렀다.

이유인즉 자동차 리모컨이 고장 나서 아는 대리점을 찾는 과정에서 생긴 해프닝이다.

아는 이들은 내게 차를 갖고 다니는 게 불가사의라고 한다. 그럼에도 성격상 내비게이션은 달고 다니지 않는다.

갑자기 초보운전 시절이 생각나서 피시식 웃는다.

분명 목적지가 신호등 건너편에 있음에도 불구하고 뒤에서 빵 하면 직진, 우회전, 좌회전하기를 몇 바퀴 하다 보면 나중엔 화가 나서 포기하곤 했었다. 아무리 운전이 서툴러도 도로의 흐름에 방해가 되는 것은 자신에게 용납되지 않았기 때문이다.

요즘엔 스스로 '베스트 드라이버'를 운운하면서 느끼는 일인데, 운전 매너들이 너무 없다. 막말로 돈만 있으면 들이받아 버리고 싶은 차들이 너무 많다.

딸애가 했던 말이 생각난다.

"엄마, 외국 생활하면서 느끼는 것인데, 항공권을 끊을 때 인성이나 인격검사까지 해서 끊어 줬으면 좋겠어. 정말이지 외국에서 한국인이란 게 쪽팔릴 때가 얼마나 많은 줄 알아?"

그냥 웃고 지나칠 얘기는 아닌 것 같다. 그 애가 면허를 취득하려 했을 때 그쪽 나라에선 가면허 기간이 1년이고, 가면허 기간에는 오전 9시 이후부터 오후 6시까지만 운전하고 그 외에 하면 가면허마저도 박탈당한다는 얘길 듣고 얼마나 좋은 제도인가를 생각했다.

우리는 어떤가? 기능적으로 핸들만 돌릴 줄 알면 면허를 주는 통에 문제가 참 많다.

아무튼 운전습관도 인격과 관계된다는 것을 느끼면서 한다면 좀 나아지지 않을까 하는 아쉬움이 '길치'임을 자인하는 경지까지!

꽃샘추위

꽃샘추위 시샘이 심한 요즘 나는 많은 갈등 속에서 계속 변덕을 꿈꾸고 있다. 연이어 이틀 동안 꾀병을 부리고 있는 듯 사무실에 나오기가 싫어 발광을 떨고 있다.

그 오랜 세월 동안 이런 마음은 흔치 않았는데 왜 이러지? 하는 반문도 없이, 그냥 쉬고 싶다. 꿈도 꾸지 않는 깊은 잠을 원 없이 자고 싶다. 아무것도 하지 않고 사족을 까딱 않은 채 쉬고 싶다.

이런 엉뚱한 생각 속에 나를 가두고 그냥 무력감에 빠져 있는 나를 보고도 화가 치밀지 않는 것을 보니 내가 미쳤나 하는 의구심마저 들어 고개를 홱 돌려 외면하고 싶어진다.

오늘따라 점장은 일찍 나와 나에게 일침을 가한다.

"오늘 면담을 해야겠어요. 제가 저녁에 부진점포장 회의에 가야 되거든요?"

"시동 걸기가 힘들어서 그렇지, 저 오늘 시동 겁니다."

다른 때 같았으면 아침부터 날 갈구는 것 같아 욱하고 올라왔을 텐데 그냥 한마디 농담조로 맞받아 쳤다.

아침부터 기분 구기고 싶지 않다. 내가 점장을 위해 일하는 것도 아니고, 이젠 그런 말꼬리 잡고 혈압을 올릴 필요가 없지 싶다.

내가 하는 일은 고스란히 내가 하는 대로 수당 먹고 사는 직업이라 일을 못하면 그냥 손 놓고 한 달을 굶어야 되는 상황이 연출되기 때문에 매달 정해진 월급 받고 다니는 사람들이 부러울 때도 있지만 난 내 직업에 묘한 매력을 느낀다. 매달 느껴지는 성취감과 절망감 사이에 맞물려 희로애락을 한꺼번에 맛볼 수 있는 내 일에 절망보다 희망이 있기에 15년이란 기나긴 세월 동안 이곳에 목을 걸고 있었던 것이다.

많은 시간 속에서 아귀다툼도 했지만 그보다는 보람된 순간이 훨씬 많았지 싶다. 단적인 예로, 20억도 없는 것이 딸 유학 보내면 미친년 시리즈에 첫 번째로 꼽힌다는데 난 무일푼에서 딸아일 의대 3년, 그리고 건축! 합 7년 4개월 동안이나 외국에서 공부를 시켰지 않은가? 빚이 한 짐 남았지만!

오늘이 2월 초하루! 영동할머니의 시샘이 가장 심하다는 날이다! 그렇다고 겁먹을 내가 아니다. 출근 중 내내 반성이란 단어를 떠올리며 정신을 가다듬었다. 예서 무너질 수는 없다.

"가다가 중지하면 아니 감만 못하리라!"

요즘 내 가슴을 아주 처절하리만치 훑고 지나가는 말이다. 매 순간을 마치 곡예하듯 넘기며 사는 날이 계속되는 속에서도 이나마 견딜 수 있는 것은 내가 혼신을 다해 부여잡고 있는 끈을 놓아서는 안 될 그런 막중한 뭐가 있기 때문이다.

그래, 끝까지 견뎌 내는 거야. 고지가 바로 저긴데 예서 그만둘 수 없지! 사랑하는 가슴 하나 갖고 가야 될 그곳에서 단 한순간도 시선을 뗄 수는 없지 않은가. 사랑하는 모든 이들이여! 오늘 하루도 부디 행복하여라! 꽃샘추위여, 너도 안녕!

약이 한 주먹

청소하는 고 여사가 깜짝 놀라며 한마디 한다.

"빈속에, 그것도 커피에다! 무슨 약이 그리 많어? 그것만 먹어도 배부르겠다."

"내가 원래 움직이는 종합병원이야."

그렇다. 입사 이후 지금껏 아침을 먹지 않고 다녔다. 그래도 견뎌야 하니까 약은 먹는다. 아니, 살아야 하니까. ㅋㅋㅋ

내가 기를 쓰고 버티는 것도 이유 있는 반항이다.

딸아이는 가끔 이렇게 말한다.

"그 심장이란 놈은 변덕이 심하거덩. 자다가 죽을 수도 있으니 약 잘 챙겨 드셔, 뚱씨?"

그래도 의과대학을 3년 다닌 경험으로 내 주치의 노릇은 톡톡히 하는 편이다.

그 애가 전과한다고 했을 때 내 마음이 조급했던 까닭을 이젠 조금 알 것 같다. 내가 살아 있을 때 그 애한테 날개옷을 꼭 입혀 놔야 된다는 강박관념 같은 게 나를 압박했기 때문이다. 워낙 종합병원이어서!

딸아이가 이태리에서 공부할 때 종합검진에서 암이 무려 세 가지나 나왔을 때 난 아무 말도 못하고 두어 달 동안 허공에 떠 있었다. 다시 재검진을 받았을 때 그게 오진으로 판명되고, 웃어넘길 수밖에 없었던 해프닝이 이 아침 자꾸만 목울대를 담금질한다.

때론 왜 약을 먹어야 되는지도 모르면서 먹는다. 약을 두어 번 거르고 느낌이 이상할 때만 먹는 습관도 생겼다. 내가 살면서 버린 약도 무지 많다. 견딜 수 있다고 판단되면 약의 힘 따위엔 관심이 없다.

문득 어느 분이 내게 했던 말이 생각난다.

"김씨는 하나님한테마저 자존심을 꼿꼿이 세운다니까?"

ㅋㅋㅋ 아니다.

내가 그분을 얼마나 두려워 떨며 경외하는지, 그분은 다 아신다.

건강검진

2003년 이후 내내 받지 않다가 어쩔 수 없이 건강검진을 받았다.

"건강검진을 받지 않으면 어떻게 되나요?"

"네, 만약에 암이 발생한다면 혜택을 못 받고 자비로 부담해야 하고…."

그런 이유 때문에 작년에도 검진센터를 찾아갔었다. 승강기도 없는 2층으로 가라기에 포기하고 돌아왔는데, 이번엔 상황이 좀 그러지 싶어 병원을 선택했다. 지정 검진병원 중에 대학병원은 빠져 있었고, 설령 있다 해도 복잡해서 선택하지 않았을 것이다.

첫째조건은 한곳에서 5가지를 다 할 수 있어야 되고 그다음은!

출근 전 받아야 되기 때문에 집에서 가까운 곳을 택해 찾아가 응급실에서 먼저 휠체어를 빌렸다. 여러 곳을 다녀야 하기 때문에 휠체어의 힘을 빌려야 했다. 접수를 했더니!

"이거 가지고 지하 1층 검진실로 가세요."

빨리 하고 병원을 나가고 싶어 서둘러 갔더니, 5가지 중 2가지밖에 할 수 없단다.

"한곳에서 다 하고 싶어 이 병원을 택해 왔는데 좀 심하네요. 대학병원은 장애인도 할 수 있게 다 준비가 돼 있던데 여긴…."

"죄송합니다. 시설이 미비해서…,"

그래서 난 애먼 피만 한 대롱 뽑고 간단한 문진, 그리고 한 가지만 검진 받고 돌아 나왔다. 기분이 영 그랬다.

갑자기 2003년도 그 찬란했던 기억이 머릿속에 여태껏 똬리를 튼 채 웅크리고 있다가 고갤 내밀었다.

그때 딸아이는 이탈리아에서 공부를 하고 있었고, 난 그 애를 위해 학비를 벌어야 되는 상황에 처해 있었다. 삶을 완전히 초월하지 않고서야 건강검진 결과 암이 3가지나 나왔다면 어느 누가 의연할 수 있겠는가!

친구들은 딸아이한테 연락해서 귀국하라 말해야 된다고 종용했고, 난 그럴 수 없다고 우겨대는 데 한 달이 지났다. 그리고 이런저런 핑계와 두려움으로 또다시 한 달이 후딱 지나갔다. 과감히 결정한답시고 자비로 종합검진을 신청하면서 이미 했던 검진표를 제출했다. 그래서 한 번 더 철저하게 검진이 이뤄 줬는데, 결과는 모두 오진으로 판명이 됐다. 얼마나 어이없던지!

아무리 국민건강관리공단에서 공짜로 해 주는 검진이라도 그토록 무성의하고 무책임하게 진행될 수 있는 것인지, 본래 의사와 병원을 신뢰하지 않는 나로서는 더 이상 검진할 필요를 느낄 수 없었고, 지금도 그때 그 기억만 떠올리면 분노마저 솟구치곤 한다.

정말 멋진 의사인 내 조카가 들으면 섭섭할지도 모르지만, 난 지금껏 병원에서 실험 대상 이외엔 아무것도 아니었단 기억이 전부다. 이토록 나는 살아 내면서 모두가 불신으로만 이어진 게 전부였지 싶다.

요즘 들어 무릎이 점점 아파 와 물리치료를 해 보려고 집에서 가까운 보건지소를 방문했더니 또 다른 문진을 해야 했다.

상황이 그래서 떠올리기 싫은 얘기를 하던 끝에,

"전 실험 대상이었어요!"

했더니 의사 왈,

"정말이지 실험 대상이었네요."

하는 것이었다. 헐! 의사가 그런 식으로 대꾸를 하니 갑자기 부아가 치밀고 의사와 환자 간의 신뢰가 도대체 무엇인가? 하는 의문점이 고갤 들게 했다.

간밤 잔뜩 얼어 버린 내 자동차만큼이나 내 가슴도 꽁꽁 얼어붙었는지 건강검진 얘기를 하려다 애먼 소리까지 나오게 돼 좀 씁쓸하다.

모든 걸 신뢰할 수 있기를 염원해 본다.

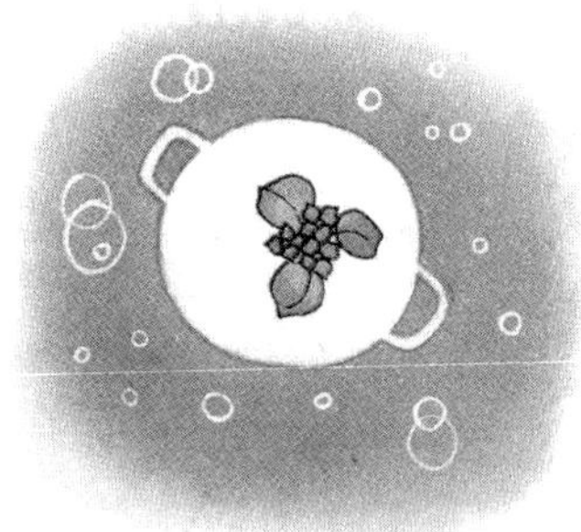

휴일엔 내가 멍청하다

휴일엔 늘어지게 게으르다.

게으름은 휴일의 내 권리요 특권이다. 이런 탓인지 월요일 새벽엔 출근에 갈등이 일 정도로 피곤하다.

가난한 자에게 내리는 축복인 양 햇살은 방 안 깊숙이까지 내리쬐고, 따스함을 한껏 어루만지는 느낌으로 햇살을 마셔 본다.

만약 휴일이 없다면? 하면서 풋 웃어 본다.

남들은 휴일에 바람도 쐬고 차를 몰고 교외로 한 바퀴 돌기도 한다.

하지만 난 휴일엔 현관문 밖조차 보지 않을 만치 꼼짝하기 싫다.

나도 늙었나? 좀 더 젊었을 땐 무조건 돌아다니는 게 취미인 양 살았었는데 어느 때부턴가 집 안에 혼자 있는 게 편안하고 좋아졌다.

주일 예배를 잊고 산 지도 꽤나 오래됐지 싶다. 마치 칩거를 하는 것처럼 세상 밖으로 나가면 가슴이 답답하다. 사무실에 나가도 동료들과 어디를 가도 마찬가지다.

이러다 어른 자폐증으로 굳어 버리는 건 아닐는지….

이 가을, 난 더 많이 쓸쓸하고 허전하다.

이제는 깨야 한다

울지 마라
외로우니까 사람이다
살아간다는 것은 외로움을 견디는 일이다
공연히 오지 않는 전화를 기다리지 마라
눈이 오면 눈길을 걸어가고
비가 오면 빗길을 걸어가라
갈대숲에서 가슴검은도요새도 너를 보고 있다
가끔은 하느님도 외로워서 눈물을 흘리신다
새들이 나뭇가지에 앉아 있는 것도 외로움 때문이고
네가 물가에 앉아 있는 것도 외로움 때문이다
산그림자도 외로워서 하루에 한 번씩 마을로 내려온다
종소리도 외로워서 울려 퍼진다

— 정호승 「수선화에게」

너무 외로움을 타는 탓에 상처에도 약한 내가 요즘 들어 부쩍 어린 애 같은 생각에 빠진다.

딸아이랑 통화하는 데도 건성일 만치 요 며칠 동안 정신을 추스를 수 없을 정도로 방황했다.

4월엔 좀 나아지겠지 하는 헛 망상에 피식 웃어 본다. 헛꿈을 애초 뭉개 버리는 게 훨씬 크나큰 아픔을 미연에 방지하는 것이라고 자위해 본다.

“비록 일생을 춥게 살아도 향을 팔지 않는 매화처럼….”

내 모든 살이는 외로움의 연속이었다. 지금에 와서 뭐가 달라진다 해서 새삼스러울 것도 없는데 왜 새로운 것이라도 얻어 내려는 듯 어리석은 생각으로 시간을 소진해 왔는지 생각할수록 열없어진다.

“내 복에 웬 난리?”

이따금씩 내 정신이 돌아올 때마다 습관처럼 지껄이는 말이다.

인내심에도 한계가 있듯 자꾸만 몰입하다 보면 내 영혼이 너무 피폐해질 것 같아 두렵다.

강해져야 한다. 이제껏 그랬듯이, 딸아이 말대로 ‘그저 그러려니’ 그리 살 것이다.

헛물켜지 않을 거다.

어떤 일이 있어도 무너지지 않을 것이다.

다시 살아나리라. 다시 시작하는 기분으로 기어코 살아 있으리라.

끝까지 견뎌 내리라.

버리는 연습

숨을 쉬기가 거북살스럽다.

진종일 가슴이 답답해 하루가 자유롭지 못했다.

아무렇지 않다고, 별것 아니라고 초연하고 싶었는데 그러지 못한 이유는 뭘까?

가슴이 너무나 아파서 뻐근한 통증과 함께 숨이 턱턱 막혀 온다.

잊고 싶은데, 그게 뭘까?

까마득히 먼 기억 속에서 나의 가슴에 예리한 칼날을 들이대는 것들이 있다.

저녁에 딸아이가 전활 걸어 안부를 물었다.

잘 있다고 아무렇지 않게 대답하면서 그 애와 얘기하는 것조차도 힘들었다.

처음부터 굳게 약속되어진 게 아니므로 배신이라고까지는 말할 수 없을지도 모른다.

하지만 느닷없이 가슴을 뻥 뚫고 지나가는 허전함이 배신감을 동반하고 몸서리쳐질 만큼 아프게 몰아닥쳤다.

“넌 사는 내내 인덕이 없을 거야….”

갑자기 고인이 돼 버린 어머니의 말이 마치 저주처럼 가슴에 박혀 버린다.

하나에서 열까지 모든 게 허무로 직결된다.

아무도 믿고 싶지 않다.

내 복에 무슨….

내 노력이 아니고는 그 어느 것에도 기대할 수 없다는 결론이 가슴을 훑고 지나간다.

기대고 싶다고?

기대고 싶었다고?

우습다….

이런 감정을 이제 다시는 느끼고 싶지 않다.

하나 둘 버리는 연습을 하리라.

집요하게 달려드는 유혹에서 벗어나리라.

아무런 가치도 없는 것에 시간과 열정을 투자하지 않으리라.

‘뻔뻔하고 나쁜 사람들’이란 단어가 잇새를 비집고 빠져나간다.

가슴에서 세찬 바람이 인다.

참 피곤하다, 횡설수설

새벽엔 눈이 붙었는지 도대체 떠지지가 않았다. 겨우 정신을 가다듬고 사무실에 도착해 진한 커피를 마신다.

내 사랑하는 멋진 조카의 메일을 보고 가슴이 뭉클했다. 그냥, 멋진 놈! 그래 참으로 착한 효자구나! 역시 참 괜찮은 의사로, 아들, 아빠, 남편으로 참 괜찮은 삶을 살아 줄 것 같은 뿌듯함이 이 아침 나의 정신을 맑아지고 힘이 솟게 하고 있다.

연일 폭염주의보가 이어지며, 난 원래 땀순이라 온몸에 땀띠가 솟아 가관이다. 돌아다니다 혼자 중얼거린다.

"여름, 참 싫다. 이놈의 여름이 언제 끝나지?"

허걱, 이게 웬 망령된 생각인가? 사계가 뚜렷하던 예전과는 달리 이상기온이 가슴을 답답하게 하는 요즘, 뜨거운 햇살이라도 많이 비춰 농작물에 풍성함을 얹어 줘야 되는데, 그깟 더위 하나 참아내지 못하고 허우적거리니 참으로 우습지 않은가 말이다.

그렇지만 올여름 유난스레 지치고 무더운 것은 사실이다. 그래서 난 집에 들어가면 감탄하고 감사한다. 얼마나 시원하고 또 뭐더라! 암튼 집에 들어가는 순간에 난 뇌까린다.

"아! 감사합니다. 역시 내 집이 천국이야!"

남들이 들으면 웃을 것이다. 까짓 임대아파트 사글세로 살면서 웬 천국? 그러거나 말거나, 내가 1979년 이 도시에 맨몸으로 와서 사글세 15,000원짜리부터 지금까지 왔으면 무지 부자 된 거 아닌감? 내가 50%는 환원했고 딸아이한테 날개도 달아 줬지, 그리고 내 맘이 누구보다 부자면 됐지 뭐가 더 필요한가? 으으흐.

난 가끔 예서 만족해하는 자위로 하루를 견딜 때가 있다. 비벼 댈 언덕이 없다고 억울해하며 시간낭비를 하느니 차라리 내가 세상의 언덕이 됐으면 하는 바람! 이 얼마나 어처구니없는 발상인가? 하고 웃을 님들 많겠지만 난 항상 큰 나무가 되는 꿈을 안고 산다. 내게 주어진 모든 여건에 절망하기보다는 버거운 살이 속에서도 황당하고 갸륵한 꿈을 안고 살기에 오늘의 내가 있는 것이라고 자위한다.

오늘 아침 내가 더위를 먹었나? 자꾸만 헛소리가 잇새를 비집고 나오려 한다.

정말이지 참으로 많이 지치는 나날의 연속이다. 한 조각의 내 하늘을 지켜 내기 위해 이보다는 좀 더 더 많은 노력을 아끼지 말아야겠다. 이 상태만의 건강이라도 좀 더 견디게 할 수 있다면 내 남은 시간 동안 혼신의 노력을 더 할 수 있을 텐데…. 조금만 더, 조금만 더를 연신 뇌까리며 이 아침 나 자신을 다잡아 본다.

그래! 내게는 비빌 언덕도 하늘도 없지만 매 순간 나에게 생명을 주신 이에게 감사드리고 경외하는 그분의 사랑을 실천하고자 내게 주어진 모든 것을 걸어 내 방식대로 내 언덕을 만들면서 내 하늘을 아주 조금씩 넓혀야겠다.

금요일 아침

직원들이 하나 둘 나오고 내 하루의 일을 마친 지금 시간은 08시 30분! 보상과에선 조회가 시작돼 음악소리가 흐른다.

일주일 동안 잠을 설친 탓인지 하품이 나온다. 오늘 아침 조회시간엔 분명 졸릴 것이기 때문에 정신 똑바로 차려야 될 것 같아 조금은 걱정이다. 일할 때를 빼고는 곧잘 멍 속으로 들어가는 통에 당황하기 일쑤다!

나 말고 2명이 더 앉아 있는 사무실! 느긋함을 가장하니 온몸의 삭신이 쑤신다고나 할까?

조금 있으면 점장이 음악을 크게 틀 것이고, 조회 직전에 한 명이라도 더 나오기를 기다리며 조회 시간을 5~10분 정도 뒤로 미루고, 막 시작하고 5분 정도 되면 매일 아침 그 시간이면 나타나는 직원들이 두세 명 더 올 것이고, 오늘은 금요일이기 때문에 조회가 좀 더 길어질 것이다. 그런 후 마감과 우리 브랜치가 뒤떨어지고 있음을 각인시키며 나는 또 점장 바로 코앞에서 눈을 까뒤집으며 끝나기를 기다릴 것이다.

이렇듯 나의 하루는 때론 재미없게 때론 짜증나게, 특히 금요일엔 토요일을 기대하며 조금은 여유로운 척! 그리고 가슴은 안달복달 조금은 자존심 상하게 오늘을 보낼 것이다.

경제가 어려워서, 그리고 의욕이 없어서, 암튼 내 한 달 마무리는 언제나 자존심 팍팍 상하곤 끝난다.

이렇게 금요일을 15년 동안 보내 왔다. 많은 방황과 갈등으로 점철된 나날이었고, 시간도 많이 살라 먹고 어설픈 나날 속에서 절망을 먹고 희망을 뒤로한 채 보내 버린 내 청춘!

그래도 예전처럼 토요일에 출근하지 않는 기쁨? 기대?

참 내가 생각해도 많이도 흘려보낸 시간들을 반추해 보며 뇌까린다. 사랑한다, 사랑한다, 그리고 내일은 더 사랑하고 싶다가 아니라 더 사랑할 것이다. 그 사랑 속에 내 자신도 함께 포함해서 말이다.

막 울려 퍼지는 「거위의 꿈」이 고막을 간질인다!

폭풍에 시달리는 나뭇잎

바람이 창문을 흔들고 있다.

우리가 사무실에서 가끔 쓰는 말이 있다.

"보험이 사람 다 망가지게 한다."

그렇다, 아무리 인간적입네 하는 사람도, 나하고 친분이 있다 해도 보험금 앞에선 한없이 유치해지고 안면을 바꿔 버린다. 보험금을 타는 데 있어서는 한없이 유치해지고 아무리 노력하고 진실로 대해 줘도 만족할 줄 모른다. 사람 욕심은 어디까지일까?

오후에 어떤 애랑 장시간 통화하고 나서는 너무 절망스러워 한참 동안 화를 삭여 내느라 애를 먹었다. 그 애가 그런 애가 아니었는데, 모든 조건들을 설명해 주었음에도 생돈이 날아갔다느니 하면서 내 입에서 욕이 나갈 정도로 약 오르게 했다. 설득력 있게 얘길 했다고 생각했는데도 뒷맛이 씁쓸하다.

정말이지 모든 사람들이 자기 이익 앞에서는 체면이고 뭐고 없이 막무가내다. 그런 상태에서 초연할 수 있는 사람이 과연 있을까 싶어 가슴이 아프다.

칭찬을 원해서가 아니다. 정말이지 내가 자신들 입장에 서서 최선을 다해도 내게 돌아오는 말은 언제나 섭섭함이고 조금 더 하면서 욕심을 내세운다.

싫다. 정말이지 이젠 사람이 싫고 역겨울 때가 많아 이 일을 접고 싶을 때가 많다. 나름 올곧게 처리한답시고 장기 보상 담당자들과 자주 부딪치고, 까칠한 성격 탓으로 부러지면 부러졌지 꺾이지 못해 늘 혼자서 부글부글 애를 삭이는 데 시간을 소비하면서 내 영혼이 소진되는 것 같고 피폐해지는 나를 보면서 그만 하고 싶다는 생각을 자주 한다. 원칙이 아닌 것을 너무 많이 보는 것 같아 항상 시야가 흐릿해지고 있음을 절감한다. 피곤하다. 뭐가 정답인지 모를 때가 더 많아 속이 상해 죽겠다. 언제쯤이면 이 일에서 손을 뗄 수 있을까 생각하니 아찔하다.

밖에서 부는 바람만큼이나 내 마음이 흔들린다. 내가 짊어진 짐을 내려놓으려면 5년은 더 견뎌야 되는데, 요즘 들어서는 그런 생각을 하는 것조차도 끔찍하게 싫다. 과감하게 그만두고 싶을 때 뭣 때문에 발목에 족쇄를 달고 끌려가야 된다고 생각하면 많이 서글프다.

기대고 싶고 쉬고 싶다. 내가 하고 싶은 일 하면서 쉬고 싶다. 특히 오늘 같은 날엔 더욱 그렇다.

이 밤 내 어깨가 너무 무겁다. 내가 짊어진 짐의 무게가 너무 버거워 질식할 것 같다. 자유가 그립다.

언제쯤이면 이 삶의 무게를 벗어 버리고 자유로워질 수 있을까를 생각하니 내가 꼭 폭풍에 시달리는 나뭇잎 같아 나를 향한 연민 어린 슬픔이 이 밤 나의 잠을 앗아 갈 듯하고 두통이 몰린다.

내가 두렵다

나 자신이 두렵다.

언제 어떻게 어느 방향으로 튈지 모르고 있기 때문이다.

이것은 분명히 정신병임에 분명한데 나는 내 자신에게 단 한 번도 너그러웠던 기억이 없다.

왜 그래야만 했을까?

때론 자신에게가 아닌 타인에게조차 너그럽지 못한 행동이 돌출되어지는 상황을 만들어 자신에게 화들짝 놀라는 나를 본다.

오늘도 미술실에서 무심결에 화가 치밀어 회원에게 한마디 했다.

"세상 누구도 자신의 생각과 다르다고 타인을 정죄할 권한은 없는 거야! 사이코패스라니?"

그 대상이 내가 좋아하는 김장훈이어서 그랬을까?

아니면 그 회원이 평소 내 맘에 들지 않아서 그렇게 쏘아붙였을까?

이것도 저것도 아닌 상태에서 그냥 화가 났을 수도 있다

아무렇지도 않은 것처럼 넘어갈 수도 있었는데 미술실에만 가면 은근히 화가 치밀 때가 많을 정도로 '자화자찬'에 빠진 사람이 참 많아

눈에 거슬린다. 내가 보기엔 아무리 봐도 그다지 잘나 보이지 않는 사람들이 잘난 척을 하느라 신경을 건드리는 일들이 종종 있어 나름 한 방씩 먹이고도 영 개운치가 않다.

사람들은 하나같이 날보고 왜 그리 빨리 가느냐고 묻는다. 그러나 난 그네들 틈에 어울리는 자체가 싫을 때가 많아 정해진 시간만 끝나면 부리나케 나와 버리는 습관이 들어 버렸다.

남들은 10년이 훨씬 넘었다고들 하는데 난 고작 4개월밖에 안 된 지금에도 종종 그곳에 계속 드나들어야 할지 고민이 들기 시작한다. 벌써부터 염증을 느끼면 안 된다고 내 자신을 타일러 보기도 한다.

원래 난 나의 성격이 질리도록 싫을 때가 있다. 그냥 대충 할 줄도 모르고, 시작을 했다 하면 끝장을 보는 그런 성격 때문에 늘 나를 경계하고 있는 것이다.

젊은 층이 별로 없어 다행이다 싶었는데 그토록 아집으로 똘똘 뭉쳐 있는 게 세월 속에서의 연륜이라면 그딴 연륜은 절대로 쌓고 싶지 않다는 생각을 미술실에 다니면서 자주 느끼고 있다.

이만큼 살아왔으면 도인이 됐을 법도 한데 왜 이다지도 적응되어지지 않는 일들이 목에 가시처럼 찔러 대고 있는지 말이다.

더군다나 요즘의 나는 내가 싫어서 환장하겠다. 그리고 두렵다. 언제쯤이면 내가 나 자신한테 조금이라도 너그러워질 수 있으려나?

하기 싫은 것 하지 않기로 했으면 모든 것을 내려놓을 줄도 알아야 되는 것 아닌가 말이다.

참 내 살이가 너무너무 버겁다. 그리고 한없이 두렵다.

나를 많이 안다는데

어제는 온종일 가슴이 요동을 쳤다.

정말이지 편법이라도 써서 보험금을 타 주고 싶었던 유족이 있었다. 아들 하나 달랑 있는데 대학을 마치지 못하고 휴학 중이라는 말이 아파 백방으로 노력을 했는데 오토바이 승차가 문제 되어 거의 한 달 동안 애를 끓였던 일이 무산돼 버렸다.

괜스레 친구한테 전화로 시비를 걸었다.

"야! 이 나쁜 년아! 내가 전화하기 전에 니가 먼저 단 한 번이라도 내게 전화한 적 있어? 왜 맨날 나만 하고, 지난번 전화했을 때 네 신랑이 받은 것도 왜 모르고 있어! 요년아! 나만 너를 그리워하는 거냐?"

말도 안 되는 소리로 시비를 거니 친구는 그냥 웃겨 죽는다는 듯 애먼 소리만 하다 우린 전화를 끊었다.

그러고 있던 차에 후배가 문자를 보내왔다.

— 언니, 여섯 시 반에 갈 테니 한잔하자!

우울했는데 잘됐다 싶었다.

그 애가 미혼일 때부터, 아니 대학 4년 때 갑자기 내게 다가왔던 그 애가 지금은 결혼해 아이가 6학년이다. 자주 나를 당혹시키는 그 애가 난 왠지 밉지 않다.

노래방이 막 생겼을 때 날 억지로 끌고 가서는 500원짜리 동전을 15,000원 넣고 목청이 터져라 그걸 다 부르고서야 나오던 애!

갑자기 전활 걸어 수화기에 대고 울면서 내가 자기를 배신했다고 다그치던 그 애.

결혼하고 싶은 단 하나 이유가 〈주부가요열창〉에 나가는 거였는데 결혼하자마자 그 프로가 없어져 웃었던 그 애!

심장이 나쁜 줄도 모르고 밤새 퍼 마시고는 실신 상태로 구심을 찾으며 나를 혼비백산시키던 그 애가 중년을 바라보는 지금에도 나를 다그쳤다.

"난 언니를 팔십 프로는 안다고 생각하는데 언니는 날 삼십 프로도 모르는 것 같아. 그래서 서운해."

"내가 널 삼십 프로밖에 모른다는 것은 그만큼밖에 네가 맘을 열지 않아서겠지! 그리고 나도 날 오십 프로도 모르는데 네가 그렇게나 많이 안다고 하니 많이 고맙고 신기하구나!"

외로움에 서러움에 꺼욱꺼욱 울어 대는 그 애를 진정시켜 보내고 난 뒤 많은 것이 되살아나 내 두통을 가중시켰다.

나는 나를 얼마만큼 알고 있는 것일까?

그 애는 나를 많이도 안다는데 난 도대체 뭐란 말인가?

난 그 애한테 싫은 소리를 많이 했던 것 같다.

"그 많은 땅덩이 다 뭐 하려고 건물은 또? 죽을 때 갖고 갈 것도 아닌데 죽는소리 그만 하고…. 야! 요년아, 네 나이가 몇인데 핫팬츠는 뭐고 치마길이가 그게 뭐냐?"

종종 나는 그 애한테 뭐라고 종용했던 게 걸릴 만큼 그 애는 그 큰 눈을 껌벅거리며 주먹만 한 눈물을 뚝뚝 떨어뜨리며 꺼욱댔다.

가슴이 많이 아팠다. 괜히 내 가슴이 요동침을 핑계로 그 애랑 마신 게 후회됐다.

새벽에 눈을 뜨려니 정말이지 힘이 들어 주저앉고 싶었지만 금요일이라는 단어로 힘을 받아 벌떡 일어나 나왔다. 지금도 비몽사몽 허깨비만 앉아 있는 듯한 기분이다.

앞으로는 나를 많이 안다는 그 애한테 조금 더 신경을 써 줘야겠다.

그 애 가슴에 사랑이 넘쳐나길!

너무 외로워 말기를….

그리고 세상을 아름다운 눈으로 바라볼 수 있기를!

제 2 부

내일은 또 온다

잘 살란 말이야

언젠가 내가 미치도록 화가 치밀 때 직원에게 내뱉었던 말이 갑자기 목울대를 울리고 있다.

"새꺄, 제대로 살란 말야! 소크라테스 악처도 다 그럴 만한 이유가 있었던 게야. 니 마누라가 딴짓거리하고 니 애들이 어깃장 놓고 지들 멋대로 하는 것도 다 너 때문이야! 니가 하는 짓거리는 죄질이 아주 나쁜 직무유기에 해당해, 새꺄!"

아주 환장하게도 꼴사납게 사는 것들이 눈앞에 알짱거린다. 잘 살면 그래도 봐줄 수가 있는데, 그런 것들 집안에는 꼭 우환이 끊이질 않는다.

작은 녀석이 어릴 때 심장수술을 서너 번 했는데, 이번엔 큰 녀석이 척추수술을 한단다. 잘해야 성공하고 안 되면 하반신마비가 올 수도 있단다. 딸만 둘인데! 큰 녀석이 이제 스물셋에 대학 졸업반이다.

오십 줄이 넘었는데도 평생을 노부모나 누이에게 어려운 것 모두 떠넘기고 천하태평하게 살아온 흔적을 마치 크나큰 공이나 세운 것처럼 자랑스럽게 떠벌이고 유유자적하며, 모든 불행의 씨앗은 남의 탓으로 돌려 버리는 그런 사고방식으로 본인은 아주 수단 좋고 능력 있는 것처럼 자위하고 사는 뻔뻔함에 기가 질려 왕창 쏟아부어야만 직성이 풀릴 듯 악을 써 댔다. 그다지 가까운 사이는 아니더라도 아주 무시해 버릴 수 없어서 그랬다.

그렇다고 내가 아주 반듯하고 모범적으로 산다는 것은 아니다. 그저 지킬 것은 지키고 사는 정도다.

내가 아는 사람들이 힘겨워한다는 소릴 들으면 밥이 목구멍으로 제대로 넘어가지 않는 그런 껄끄러운 성격 때문에 오지랖이 넓다고 한마디씩 한다.

어제 한화손해보험으로 합병한 후 처음으로 마감을 쳤다. 그것도 아주 어렵게 내 자신에게 크나큰 상처를 남기고 말이다.

그렇다고 죽사발을 뒤집어쓴 모습으로 있을 순 없다. 2월엔 그동안의 모든 스트레스를 날려 버릴 그런 한 달로 만들고 싶다. 죽기 아니면 까무러치기지 뭐!

그렇다. 2월은 해빙기 아닌가.

봄이 오면 그동안 움츠러들었던 가슴을 활짝 펴고 기지개를 켜야 될 것 같다.

잘 살라고!

오늘은 어제 죽은 이가 그토록 염원했던 내일이란 말이야.

오늘 잘 살아야 내일이 좋지!

어제 울었던 모든 이들이여, 오늘은 웃으며 잘 살아 주세요.

나의 아픔

연이틀 동안 잠을 설쳤다.

그리고 오늘 아침엔 눈을 뜰 수가 없어 잠시 망설였다. 출근을 해? 말아?

아니야, 6시쯤 되면 칼같이 전화하는 아침 동무들이 있다. 커피도 마시고 사는 이야기도 하고 먹을 게 있으면 가져다 서로 나눠 먹곤 하는 건물 내 청소하는 아주머니들이다.

6시까지 내가 안 오면 전화를 한다! 그리고 그 시간이 지나면 영 주저앉고 싶을까 봐 언제든지 똑같은 시간에 출근을 한다. 그것이 아니라도 처음, 1995년 9월 27일부터 그래 왔다.

그런데 요즘 들어 너무 힘들다. 오른쪽 무릎 수술 후 오른쪽은 전혀 쓸 수가 없어 왼쪽 다리에 의지하고 다녔다. 왼쪽은 전혀 힘을 줄 수가 없는데, 재수술까지 한 후 더 나빠져 어쩔 수 없이 움직인 후 내내 저녁이면 정신이 없을 만치 아프다. 퉁퉁 부어오른 다리를 부둥켜안고 절절맸다. 이틀 동안 그나마 의지했던 다리가 반기를 든 것이다.

쓸쓸하다.

남들은 다 똑같은 말을 한다.

웬만큼 해, 이젠 쉬어 가면서 해도 되잖아? 딸도 졸업해 돈 벌겠다, 뭐가 걱정이야!

에구머니, 내 속을 누가 알아….

한 달 한 달 숨 가쁘게 사는 걸 자존심상 누구에게 말도 못하고 절절맨다. 매달 원금 이자를 3백만 원은 갚아야 하고, 카드값에 보험료!

월급날이면 가슴이 시리도록 아프다. 아니, 정신이 없다고나 할까?

우리 일이 매달 조금만 쉬다 가면 당장 다음 달 월급이 펑크 난다.

아니, 월급이 아니라 수수료라고 해야 정확한 표현일 게다.

몸은 아프지, 매달 꿰맞추기를 하느라 진을 빼면 너무 서글프고 지친다.

그래도 어쩌랴, 내가 딸아이에게 날개를 달아 주기 위해 진 빚이기에 내가 갚아야 됨을….

2011년까지는 이런 생활을 해야 한다.

2011년 하고 생각하면 고개가 설레설레 저어진다. 그렇지만 해내야 된다. 주저앉아 버리면 집에서 일을 해야 하는데, 그런 날이 점점 다가오는 것 같아 두렵다.

좀 천천히, 속도에 가속이 붙지 않기를 염원해 본다.

이 아침, 좀 더 풍요로워지기를!

거기 누구 없소?

아무것도 보이지 않는다.

천 길 낭떠러지 밑을 보는 그런 기분?

칠흑 같은 긴 터널을 쉬지 않고 가는 느낌?

온몸에 소름이 돋으리만큼 버겁고 또 버거운 나날들…. 현실에서 탈피 좀 하고자 별의별 궁리를 다 해 보지만 매번 허당인 나를 보면서 걷잡을 수 없는 회의에 빠져 허덕이고 있다.

왜 나만 원칙을 준수하고, 나만 약속에 매달려 대롱거리고 있어야 하지?

왜 나만 그래야 되는 거지?

몇 번이고 기다리고 참고 또 기다리다 앞으로는 절대로 내가 먼저 확인전화도 그 어떤 것도 안 할 거야, 그러다가는 제풀에 지쳐 전화나 문자를 하면,

"어머, 깜박했네?"

"좀 바빠서…."

라고들 한다.

약속을 생명처럼 생각하고 살아온 나로선 도저히 납득되어지지 않는다.

내가 너무 빡빡하게 내 자신을 자학하듯 살아서 이런 것인가 싶어 조금만 더 느슨해지려고 안간힘을 써 보는 요즘의 나.

싫다!

정말 싫다.

무거운 침묵

24일 변액자격증 시험을 마친 후 너무 허탈했고 피곤했다.

광주에서 76명이 봤는데 4명이 합격을 했단다.

조금만 있으면(2011년이면 빚 청산) 이 일에서 손을 떼고 싶다는 간절함으로 자격증 시험을 볼까 말까 망설이다, 그래도 약 오르는 일을 당하지 않을까 해서 보긴 봤는데, 교육 중 내내 원서 낸 것을 후회했다. 남들은 몇 번을 도전해서라도 꼭 통과하라고 하지만, 싫다.

내가 이해력은 뛰어난데 암기력은 거의 제로 상태다. 학교 다닐 때는 메모 한번 안 하고도 자신 있었는데, 지금은 기억력이 3초라고 우스갯소리를 하면서도 가슴이 먹먹하게 아파진다.

흔히들 말하는 '전신마취'를 15번 정도 한 탓일까? 아니면 건망증!

아무튼 암기하는 게 최근 들어선 너무 힘들어 사소한 것도 무조건 메모를 해 놓는다. 그런 후에도 몇 번씩 확인하고 체크를 해야만 마음이 놓이니, 이러다 내가 우울증이 심해질 수 있겠다 싶어 마음이 아프고 조급해진다. 할 일이 얼마나 많은데 벌써….

토요일엔 직원들 성화에 지리산으로 단풍 구경을 갔었다. 휴일 탓인지 사람과 차가 너무 많아 싫었다.

가뭄 탓으로 단풍이 아름답지는 못했어도, 아무튼 밖으로 나갔다는 사실만으로 위로가 될 것 같았다.

그렇지만 또 다른 이유들로 인해 내 아픔은 가중되고 말았다. 사람이 단풍인지 단풍이 사람인지 구분하기 힘들 만치 많은 인파를 뚫고 주차요원에게 허락을 받아 길을 올라가는데 진입로를 꽉 막아 놓은 차들! 슬펐다.

"내가 걸을 수만 있다면 절대로 차를 끌고 등산로까진 안 온다."

왜 그렇게도 슬펐을까?

사람들의 이기심을 너무 많이 보고 돌아왔다. 지금도 가슴이 아플 만치 토요일의 지리산이 잊혀지지 않아 내 머리는 지끈거린다.

아차! 그날 지리산에서 잊히지 않는, 그리고 부러움을 안겨 주던 어떤 남자!

이젤을 앞에 놓고 열심히 화폭을 메우던 그 남자가 부러웠다. 옷깃을 여미게 했던 그 바람 속에서 말이다.

자신이 하고 싶은 일을 하면서 사는 사람은 얼마나 행복할까?

내가 너무 배부른 고민을 하고 있는 것일까?

그래도 그렇다. 내가 세상에 나온 이후 하고 싶은 것을 해 본 기억이 있을까?

흐흐흑, 갑자기 바람이 차가워지고 가슴도 추워진다,

무슨 오기

아직도 손등이 따끔거리고 간지럽다. 오늘같이 추운 날 바닥은 옴짝 못하게 미끄러운데 무려 30여 분을 차문 앞에서 씨름하다 결국엔 콜택시를 불러 오는 도중 손마디가 떨어져 나가는 고통을 느끼며 서러워했다. 그냥 포기해도 될 것을! 다른 때 같으면 10여 분이면 열리더니….

어제 아름다운 집에 다녀오는 중 세차를 한 게 화근이었다.

"문짝 라인을 닦으면 안 얼어요."

주유소 직원이 알려 준 대로 두 번이나 닦았는데! 그리고 조금 하다 말지 무슨 오기로 마지막까지 버텼는지…. 열정은 이미 사라진 지 오래! 무슨 놈의 오기만 있어 가지고, 서러워서 꺼욱꺼욱 울고 말 짓을 왜 해?

아파트 출입문 앞에 모래라도 뿌려 달라고, 제발 겨울에는 물청소를 하지 말라고 자존심 버리며 경비실에 사정조로 얘기했건만 아무 소용이 없었다. 그래서 약이 오른데다 자동차 문짝이 떨어져 나가면 더 큰 약 오름이 기다릴 것 같아 콜택시 기사 분한테 얘기했더니 그도 귀찮은지 심드렁하니 반응이 없었다.

만 원을 주고 거스름돈 됐다고 하는데 괜스레 생색내는 거 같아(택시비가 올랐는지 8,200원 나왔다) 기사 분한테 미안했다. 난 택시를 탈 때마다 거스름돈을 받아 본 적이 없다. 그치만 그 직업도 서비스업종인데 불친절한 기사가 많아 너무 아쉽다. 그들의 애로사항이나 그 모든 것을 다 알 수는 없지만, 암튼 불친절한 기사의 차를 타고 나면 괜히 허전하고 그렇다.

내가 자주 쓰는 말 중의 하나—.

"웃으면서 예쁘고 친절하게 말하는 데 돈 들어?"

뭐 나도 완벽하게 친절한 편은 아니지만 그래도 속이 없다는 말을 자주 듣는 걸 보면 그다지 불친절한 것은 아니지 싶다. ㅋㅋㅋ

8시가 넘었는데도 그놈의 차가 오늘 낮에는 녹을지 그게 궁금하고 손등이 자꾸 가렵다.

"이거 원, 동상 걸린 거 아냐?"

아무래도 이래저래 무거운 아침이다. 정말이지 오늘 급한 업무(사무실에서만 처리해야 될 것)만 아니었어도 출근하지 않았을 것이다.

무슨 오기로 이 자리에 앉아 있는 게 아니지 싶다. 어느 한순간에도 난 내 꿈에서 시선을 떼지 않았다. 그렇게 살아온 것도 오기라면 오기일 수 있지 싶어 쓰디쓰게 웃는다.

그래, 오늘이 금욜이다. 내일 하루 쉬면서 조금 더 강도 높은 수양을 해야 될 것 같다.

이젠 어쭙잖은 오기로 가슴에 상흔을 남기지 말아야겠다.

핑계거리

새벽에 어두운 창밖을 내려다보았다. 어제 대설주의보 어쩌고 해서 눈이 내렸으면 핑계 삼아 출근하지 않으려고…. 눈이 보이지 않았다.

그런데 밖에 나와 보니 아악 소리가 났다. 차는 온통 눈에 덮여 있고, 와이퍼는 꿈쩍도 안 했다. 다시 집으로 들어가려니 미끄러워 후퇴보다는 전진밖에 없었다.

다행히 얼어붙지는 않아서 크러치로 운전석 앞만 동그랗게 구멍을 뚫고 고개를 쑤욱 빼고 기어 3단으로 저속 운행을 했다. 눈길 운전을 많이 해 본 터라 그다지 미끄럽지는 않았지만 워낙이 눈이 물과 범벅된 상태이고 미끄러웠다. 앞이 안 보여 불안했다. 이른 시간이어서 고개를 빼 들고 거북이 운행을 해도 차들이 별로 없어 다행이었다.

어찌어찌 사무실 주차장까지 도착하고 보니 등에서 식은땀이 후줄근하게 흐르는 느낌과 함께 안도의 한숨이 터져 나왔다.

뭐라 표현하기 힘든 오늘 아침의 기분!

2시간이 훨씬 지난 이 시간, 직원 서너 명이 왔을 뿐 아직 움직임이 없는 걸 보니 출근길이 혼잡한 것 같다. 모두들 눈길 운전 조심해야 될 텐데….

이런 날이면 고객들을 위해 한 번 더 간절함으로 기도한다. 단 하루도 나의 고객의 안녕을 위해 긴장을 풀지 않고 기도한 덕으로 13년 동안 남들이 나는 크나큰 사고 한 번 없어 그분께 감사드린다.

오늘도 우리의 생사화복을 주관하시는 야훼께 간절함으로 이 땅의 모든 백성이 굳건한 반석 위에서 안전하기를 빌고 또 빌고 있다.

얼마나 더 내릴지 아직도 창밖은 희뿌옇다.

춘설이 요란한 걸 보니 몇 년 전 봄 강원도에 갔을 때의 황홀함이 생각난다. 그리고 올 한 해는 풍년이 들 것 같다. 아침에 많은 처리를 하고 나니 어렵게라도 출근한 게 참으로 뿌듯하다.

휴우… 소장이 출근했다.

갑자기 찬물을 뒤집어쓴 듯 가슴이 써늘하다.

잠시잠깐 심호흡을 하고 오늘 하루도 힘차게 숨을 들이쉬고 싶다는 열망이 고갤 든다.

난 오늘도 살아 있어 행복을 느낄 수 있다. 아자, 아자!

보고 싶다 친구야

너무 보고 싶다….

잊고 살다가 가끔씩 불현듯 떠오르는 얼굴이 있다. 또 잊고 있었는데 어느 날 갑자기 꿈속으로 나를 찾아오는 얼굴이 있다. 그럼 미친 듯이 그 애와의 추억을 찾아 허우적댄다.

남들은 내 휴대폰의 컬러링을 바꾸라고 난리가 아니다. 그치만 바꿀 수가 없다. 그 노랫말보다 훨씬 더 처절하게 보고 싶은 얼굴이 있고 불러 보고 싶은 친구가 나를 이 살이에서 견디게 해 주고 있기 때문이다.

특히나 나를 후벼 파는 사람이 생겼을 때 나는 자꾸자꾸 과거로 돌아가고 싶어진다. 내 과거야 별 다른 행복이 있었겠냐마는 그래도 그때는 지금보다 사람들의 영혼이 순수했을 것 같다는 막연한 향수 같은 게 나의 목울대를 울렁이게 한다.

지금은 어느 곳에서 다들 잘 살고 있는지, 나 혼자만 이렇게 그리워하고 있는지 얼굴마저도 희미해지는 친구들이 너무 그리운 까닭은 무엇일까?

서로에게 특별히 요구사항을 말하지 않아도, 그저 바라보고만 있어도 속마음을 훤히 알고 있는 듯 뿌듯하고 따뜻한 시선을 다시 느낄 수만 있다면!

아, 보고 싶어라….

이 아침 누군가가 까무러칠 듯 보고 싶다. 그리움에 허기가 몰려와 정신을 차릴 수가 없다. 겨울이 깊어지려는지 가슴이 움츠러드는 요즘, 친구를 찾아 나서고 싶은데 그 많은 얼굴들이 다 어디로들 숨었는지 단 한 사람도 정확히 알고 있지 않은 소식에 목이 멘다.

어설프다. 모든 살이가 어느 한곳으로 귀결점을 찾아 어지럼증을 호소하고 있지만 아무런 해결책도 어떤 귀착점도 없이 그냥 허정허정 떠도는 내 영혼에 깊은 연민과 애정을 함께 안겨 주고 싶은 것이다.

어제는 딸아이가 보고 싶어, 목소리라도 듣고 싶어 수화기를 스무 번도 더 들었다 놨다 했지만 결국은 그곳 상태가 안 좋은지 통화를 하지 못했다. 기대고 싶다. 비스듬히 기댈 수 있는 사람이 있을까?

사람 인人자는 사람이 서로 기대고 사는 모양을 형상화한 것이라는데, 아직까지 단 한 번도 누구에게 기대려 하지 않았던 내 살이가 너무 단조로웠나 보다. 이제야 그런 걸 하나둘씩 아쉬워해야 되는 게 약이 올라 얼굴이 확확 달아오른다.

어디에서든 잘들 살고 있어라, 친구들아! 내가 당신들을 얼마나 그리워하고 있는지, 당신들은 상상도 못하리.

행복해라, 언제까지든 사랑한다. 안녕~!

마음조각 하나 주워 모으기

열심히 나를 진정시키고 흐트러진 내 마음조각 하나를 차근차근 아주 소중하게 주워 모으며 이 아침 행복이란 걸 초대해 본다.

내게 이런 가슴을 정리할 수 있도록 생명을 주신 이에게 깊은 감사를 드리며 고개 숙인다.

어제는 새로운 곳에 약속을 잡았는데, 아주 자신만만하게 한 바퀴 두 바퀴를 연거푸 뇌까리며 약속장소 일대를 이 잡듯 샅샅이 뒤지고 있었다. 아홉 바퀴째 돌다 지나는 행인에게 물었더니 난 전혀 다른 정반대쪽에서 쳇바퀴를 돌리고 있었다.

아뿔싸!

다행히 약속시간에 늦지 않게 도착하긴 했지만 오만과 오기가 무슨 도움이 되었을까?

"언니는 오기로 망할 거야!"

후배의 말이 생각나 피식 웃어 본다.

이나마 오기라도 있으니 지금의 나를 지탱시킬 수 있었다는 자위가 실소를 머금게 한다.

그래, 죽을 것처럼 힘이 들면 한 박자 늦추며 가면 되는 거다.

아무리 신상을 달달 볶아 봤자 내 키를 한 자나 더 길게 할 수는 없는 법이다.

낙오자로 처지지 않고 필경은 도착지까지 다다르는데, 남들보다 조금 늦게 도착한다 해서 뭐가 크게 달라질 것은 없다.

조금 늦게 도착한 후에 조금 더 노력하면 되는 거지 뭐!

내가 살아 있는 동안에만 이룰 수 있는 것이라면 그것으로 족하지 아니한가?

서두르지 말자!

그래 봤자 빨리 죽는 것 외엔 아무것도 변하는 것이 없지 않은가?

어제 딸아이와 통화하면서,

"넌 어쩌면 그리도 느긋하냐? 속이 터진다."
했더니 딸아이 왈—.

"이게 다 살아남는 방법의 하나라고!"

난 순간 한 대 얻어맞은 듯 띵했다.

그래, 그런 거야!

한 박자 늦춰 가며 차근차근 조각 모음을 전개하다 보면 언젠가는 뭔가를 이뤄 낼 수 있을 게야.

거북이의 느린 걸음에 나를 올려놓고 지구력을 최대한 발휘해서 나름 무엇을 만들어 내면 되는 거다.

난 지금 마음조각 하나 소중히 주워 모으며 기쁘고 벅찬 하루를 시작하기 위해 우뚝 서 있는 것이다. 아자!

병원

내가 사는 동안 도저히 친해 질 수 없는 게 있다면 병원이다.

간밤에 잠을 설쳤더니 머리가 무겁다.

오늘은 시티촬영에 피검사에 또…!

1년 동안 약으로 치료한 결과를 다시 검사하는 날이다. 작년에도 검사를 위해 기계 속에 들어갔을 때 호흡곤란이 와서 힘들었는데, 오늘 아침 그 생각을 하니 왠지 불안하고 머리가 띵하다.

병원에 가면 언제나 실험 대상이 된다는 생각 때문인지 병원에 한 번 다녀오면 초죽음이 된다. 난 병원에 갈 때는 혼자 가는 습성이 있어 늘 불안하고 어색하다.

언제쯤이면 병원이란 곳으로부터 자유로울 수 있을까? 아니, 이젠 시간이 흐를수록 더 많은 곳의 이상으로 병원 찾을 일이 많아질 텐데 허참!

아침바람은 참으로 신선하게 와 닿는데 가슴은 뭔지 모를 불안함이 자꾸만 엄습해 오고 있다. 오늘 결과가 좋아야 할 텐데….

살아오는 내내 병원에 대한 안 좋은 기억 때문에 병원에만 가면 없는 병도 생기는 그런 상황이라 병원은 무조건 싫다. 아파서 응급상황이 돼야 병원에 가는 그런 살이인데도 그저 가까이하기에는 너무 먼 당신처럼 돼 버린 내 기억 속에서의 병원은 악몽과도 같다. 앞으로 몇 번이나 병원을 더 찾게 될는지.

의사들의 오만함, 간호사들의 쌀쌀맞음 같은 것들을 문제 삼는 것은 아니다. 그저 병원에서 가슴에 할퀴어진 상처에 덧입혀진 생채기를 얻고 돌아오는 일이 없기를 바랄 뿐이다.

냉철하고 논리적이어야 한다고?

웃기는 얘기다. 어찌 됐건 의사나 간호사들은 일단 기술적인 의술이 뛰어난 것보다, 먼저 환자의 가슴을 어루만져 줄 수 있는 따뜻한 마음의 소유자여야 된다고 본다.

갑자기 참으로 괜찮은 놈(내 장조카)이 생각난다. 그 애는 대학병원 내과에서 그토록 잡고 싶어 했는데도 기어코 시골 보건소 소장으로 가서 참 괜찮은 의사 노릇을 잘하고 있다. 어쩌다 전화하면 살갑게 전화를 받는다.

"이모, 충성! 나 지금 할머니들하고 놀아 줘야 돼서 바쁘거든? 담에 전화할게, 충성!"

가끔 주고받는 메일 속에서 의사로서의 자질이 얼마나 충만하게 채워져 있는지, 그 애만 생각하면 참으로 마음이 뿌듯하고 훈훈해져 옴을 느낀다.

참 좋은 의사, 간호사? 이런 말이 굳이 필요치 않은 그런 병원들이 자꾸만 많아졌음 하고 바란다면 내 욕심일까?

내게 남은 희망

내게서 매 순간 빠져나가는 희망이라는 것이 나의 목줄을 자꾸만 흔들고 있다.

난 여섯 살의 슬픔부터 희망이라는 단어가 나를 농락하고 있다고 생각하고 살아온 탓인지, 열 살에 2학년으로 국민학교 입학할 때도 그렇고 졸업 후 4년 놀 때, 중학교, 또 삼류 고등학교에 입학해서 내내 방황하고, 그 후 대학에서 내리 3년을 면접에서 나가떨어질 때도 이렇게 절망적이지는 않았었다.

매 순간 주머니 한구석에 희망이라는 것을 숨겨 두고 한 번씩 꺼내 보며 살았는데 요즘의 나는 걸핏하면 분노와 적개심으로 나락으로 떨어지고 마는 것이다.

"아직 출근 안 하고 있어요?"

회사 친구가 묻는 말에,

"안 하는 게 아니라 못한다구요!"

이런 똑같은 말을 세 번이나 연거푸 되풀이하며 수화기에 대고 소리를 질러 대고는 나도 모르게 웃어 버린 나!

매 순간 발작이 일어 돌아 버릴 것 같은 요즘의 나를 바라보며 '왜 이러지?' 몇 번씩이나 씨불인다.

그러고는 있는 대로 큰 소리로 혼잣말을 한다.

"어쩜 이다지도 지독하게 재수가 없는 거야?"

또 얼마 전에 후배가 수화기에 대고 했던 말이 생각나 이를 부득부득 갈아 댄다.

"언니도 참 되게 인생이 꼬인다. 왜 그렇게 안 좋은 일을 안고 사나 몰라…."

그런 후배 앞에서는 아무렇지 않은 듯,

"난 괜찮아. 올려다보면 단 하루도 못 살겠지만, 내려다보면 이만큼도 행복해. 얼마든지 당당하게 웃으며 살 수 있다?"

하며 억지로 으스대는 허세를 부렸었다. 참 얼마나 우스꽝스러운 위선이었던지!

지치고 또 지칠 때마다 난 이렇게 씨불인다.

"두 사람 몫을 혼자서 하려니 오죽하겠어."

그렇다. 내 팔자는 내가 씨불인 대로 맞아떨어지나 보다.

"내 눈앞에서 죽어 간 내 동생 몫까지 살고 있으니 이렇듯 힘들게 살아가고 있는 것이지 뭐겠어?"

이제는 내던지고 말리라. 싫다. 힘든 것도 아픈 것도 구속도 부자유도 이젠 다 내던져 버릴 것이다.

희망이란 것을 꼭 잡고 지금까지 살아 낸 날들보다 더 이빨 악다물고 살아 낸다면 설마 지금까지 살이보다 힘들까?

내 꿈을 향해 단 한 번도 주저앉지 않았던 그 오기와 끈기로 한 번 더 버텨 보는 거야. 기어코 이겨 내 보는 거다.

매 순간 숨이 꼴깍 넘어가는 고통도 참아 내리라. 세상이 아무리 나를 을러대도 내가 눈 하나 까딱하는가 봐라. 오늘도 나는 이빨을 짓이기며 하루를 견뎌 내지 않았느냐 말이다.

기어코 난 견뎌 내고 말 것이다. 내가 숨 쉬고 살아 있는 한 절망이란 그것 저 멀리 내던져 버릴 것이다. 이렇다면 내게도 희망이 있는 것 아닌가 말이야.

지금 이태리에 있을 딸아이가 모레쯤 돌아올 때까지 아무 일 없기를 바라는 것도 내게 남은 희망이고 말이다.

죽음보다 깊은 잠을 자고 싶다. 이 밤이 가기 전에 말이다!

비 내리는 아침에

아침에 너무너무 일어나기 싫어 울었다.

더구나 출근하기 싫어 꺼욱꺼욱거리며 차 있는 곳까지 가는 동안 완전 생쥐 됐다. 아주 짧은 거리였는데도 말이다.

출근한 지 한 시간이 넘었는데도 온몸이 추적거려 의자에서 등을 떼고 앉아 있다.

내가 왜 이럴까?

죽을 만치 힘이 든다.

이러지 말아야지를 수천 번도 더 뇌까려 보지만 내 의지와는 정반대로 치닫는 이 반란은 도대체 뭐란 말인가?

아프다, 아파서 견딜 수가 없다.

내가 어느 곳까지 갈 수 있으려나!

가슴이 꽉 막혀 오는 통증이 또다시 엄습한다.

봄눈

봄눈이라고 깔보다가 출근하면서 된통 당했다.

겨울 같으면 눈이 가벼워 시동만 걸고 히터로 잠시 녹여서 앞 유리에 구멍만 뚫고 운전했는데, 이거 원 얼지 않은 눈이 찰떡처럼 쌓여 차곡차곡 쌓인 눈을 와이퍼가 감당을 못해 앞 유리에 구멍을 뚫고 출발하는 데 3, 40분은 족히 소모했다. 운전을 하는 데도 눈발이 거세게 몰아쳐 얼마나 긴장을 하고 왔는지 어깨가 뻐근했다.

기상이변 치고는 대단할 정도로 지난겨울 올봄 내내 예측 불허인 상태에서 매일매일 기상특보에 귀를 기울이며 살고 있다. 그래도 사무실에 나와서 커피도 마시며 이런저런 정리를 하다 보니 잘 나왔다는 생각이 든다.

아직 아무도 나오지 않은 사무실에서의 아침시간은 15년 동안 내게 주어진 크나큰 축복이 아닐 수 없다. 이런 호사를 누릴 수 있도록 내게 주어진 일자리는 그 무엇과도 바꿀 수 없는 성취감과 도전의식을 불러일으킨다.

오늘 오전에도 고객이 사무실로 방문한다고 약속했기에 더더욱 나

오지 않을 수 없었다. 어제 전화가 와서 사무실에 전화를 해 놓을 테니 방문하라고 했더니 총무가 해 주는 것보다 내가 처리해 주길 바란다며 오전에 방문한다 해서 많이 고마웠다.

그렇다, 나를 믿고 찾아 주는 고객이 있어서 그 긴 세월 동안 견딜 수 있었지 싶다. 그래서 이 아침엔 더욱 무한한 감사를 드리지 않을 수 없다.

봄눈이니 낮에는 녹을 테고, 그럼 내 하루는 약간의 오차는 있겠지만 다른 날과 별 차이 없이 주신 이의 뜻대로 정상적인 숨을 쉴 수 있어 이 순간 나는 행복이란 단어를 떠올리며 만족해한다.

감사합니다. 일할 수 있게 해 주시고 견딜 수 있는 힘을 주셔서 더 더욱 감사드립니다. 이 순간에도 간절히 원하옵기는, 폭설로 인해 고통받는 이 없게 하시고, 견딜 수 있는 힘과 고통을 좀 더 덜어 주시고, 힘들고 아픈 이들을 위로하사 당신의 은총을 깨닫게 하시고, 당신이 두려워 악한 마음 먹지 않게 하소서. 이 땅의 모든 백성들이 조금만 더 편안할 수 있게 하시고 서로 사랑하게 하소서. 아멘

절망하지 않는 시간 속에서 더 많은 사랑을 몸소 체험하며 사는 동안 지치거나 무릎 꿇지 않게 해 달라고 간절히 기도한다.

8시가 다 돼 가는데 아직 출근하는 사람이 없는 걸 보니 도로가 많이 미끄러운가 보다. 큰 사고 없이 오늘도 잘되어지는 하루 되게 해 달라고 이 순간 내 온 힘을 다해 염원해 본다.

분명 정신병이다!

아주 심한 증상이다.

벌써 몇 날 며칠 동안 난 아무것도 할 수 없는 상태 그대로 숨만 헐떡이고 있는 것이다. 그 어떤 것에도 몰입할 수 없어 제대로 잠도 이룰 수 없고, 모레부터 시험인데 공부에도 집중할 수 없고, 그렇다고 뾰족한 대안도 없이 그저 시간 속에 감금돼 있는 것이다.

으아악 외마디 소리라도 지르고 싶을 만치 답답하고, 생전 이 시간에 허기를 느껴 보지 않았는데 뭔가 자꾸만 먹고 싶어지는 이상한 허기가 자꾸만 나를 을러대는 통에 TV에다 눈을 박고 있으면 허기라도 쫓아낼 수 있을까 싶어 이러고 앉아 있다.

낮에는 간헐적 편두통이 계속 몰려와 정신을 어지럽히더니 이젠 멀뚱멀뚱 텔레비전에 맥없이 눈을 박고 있는 것조차 짜증이 나고, 내 존재감마저 상실되고 있는 요즘의 나를 지켜보는 게 싫어 발작이 일고 있다.

어디로든 무작정 떠나고 싶다. 언제나처럼 불만 속에 살아 냈던 내 사고 이전의 삶이가 내게 있어서 얼마나 행복했었는지를 절감하고 또 절감한다.

저번 주에 딸아이와 했던 대화가 생각난다.

"나 밖에 못 나간 지 너무 오래돼서 발작 직전이다. 꽃피는 춘삼월에나 나갈 수 있으려나?"

"엄마, 나는 엄마가 안 나가고 집에 있으니 참 좋더만!"

"이 새끼야, 나갈 수 있는데 안 나가는 것하고 나갈 수 없어서 못 나가는 것은 다르거든!"

"엄마, 내 생각이 짧았어. 미안!"

내가 공연히 딸아이한테 트집을 잡고 있는 것 같아 미안해서 그만뒀지만 괜히 내 자신이 싫어 환장할 것 같았다.

올 겨울 유난스레 눈이 많이 내려 방구석에만 갇혀 지낸 것 같다. 사고 전 같으면 답답할 때 아무 데나 휙 한 바퀴 운전하고 돌다 오면 그나마 진정이 됐는데 이제는 그런 자유마저 박탈당한 내가, 더 많은 발작이 반복되는 내 살이가 매 순간 허공에 부웅 떠 있는 기분이다.

나를 꾹꾹 눌러 대는 게 하루 시작부터 잠자리에 들기까지의 최고 관건이라 생각하니 참으로 어이없고 슬프다. 내가 이 정도밖에 안 되는 나약한 존재였나 싶어 숨이 막힌다. 지금까지 난 단 한 번도 내 위를 바라보지 않으려 혼신의 노력을 다 하며 살아 냈건만 이제 와서 뭐가 어쨌다고 이 지랄인지 모르겠다.

그래, 숨 쉬는 거 하나만으로도 감사하며 살기로 내 자신에게 그토록 다짐하고 또 다짐하며 살아왔으면 됐지 무슨 욕심이 고갤 주억거리게 만드는 거야, 이 무골충아!

조금만 더 참아 내자! 죽어라고 말이다. 그리고 심호흡을 하고 또 하면서 견뎌 보자! 오늘 말이다. 그럼 내일이 또 올 거야! 꼭 그렇게 하자!

긍정적이고 싶어

좀 더 편안하고 싶어 이토록 안달인가?

안정적인 자세이고 싶어 난 꿈속에서도 헛소리를 지껄인다.

아래층 아줌마도 1월 1일에 기어코 이승을 등졌다. 그 많은 가족들을 남기고 떠난 그 님이 부디 좋은 곳에 이르게 해 달라고 승강기를 이용할 때마다 염원해 본다.

정신병자 같다.

요즘 나는 완전히 머리만 풀어 헤치지 않은 상태지 정신병자나 마찬가지다.

이걸 해도 그렇고 저걸 해도 그렇고, 어물거리는 일상사가 궤도이탈을 해 버린 처절함으로 실실 웃고 만다.

나도 조금만, 아주 조금만 편안해지면 안 되나?

왜 모든 이들이 누리는 아주 작은 행복 하나 거머쥘 수 없는 거야?

그저 알아서 해 주겠지, 그저 내가 한 만큼만, 내게 주어진 몫만큼만 하고 받으면 되겠지 하면서 목숨 걸고 참고 또 참으며 사는 게 안

쓰럽지도 않아?
정말이지 손들고 싶단 말야!
얼마큼 더 긍정적이어야 되는 거야?
나같이 긍정적이고 이타적인 사람 있음 어디 나와 보라고 해!

사람들이 하나 둘씩 들어오는 걸 보니 시간이 흘렀나 보다.
그래, 미친 듯 웃으며 견뎌 보자!
남들이 가장 많이 지껄이는 긍정적이고 싶다. 하하하….
내가 이제껏 거머쥐고 산 자존감은 어디 가고 이 아침 이렇듯 마음이 엉망진창인지 모르겠다. 팔딱 뛰겠네!

생일

생애서 두 번째 여름감기로 일주일째 개고생이다.

처음은 작년에 거의 초죽음 됐던 감기!

간밤 12시 43분.

"엄마 생일 축하해. 나 오늘부로 인수인계하고 본사로 가. 휴가 열흘 중 일주일 정도 남아공과 이집트 쪽으로 돌다 갈게. 자세한 얘기는 가서 하고 중간중간 전화할게. 사랑해!"

느낌이 싸하다.

본사 발령 처리 안 되면 그만둔다던 딸애 말이 생각나 그냥 아무 말 못하고 끊었다. 얼마나 힘들면….

매사 알아서 일을 잘하는 애라 뭐라 말할 수 있는 그런 상황이 아니었다. 그리고 생일이란 단어를 떠올리는 순간 갑자기 내 암울했던 기억이 스멀스멀 떠올라 고개를 절레절레 흔들었다.

까짓 거, 이제껏 살아낸 기적 같은 날들 속에서 암울했던 과거쯤이야 한 방에 걷어찰 수 있는 그런 배짱과 오기쯤은 부려도 괜찮을 듯하다. 그까짓 생일이 뭐 대수라고 매년 생일날만 되면 날 차갑게 대했던 모친을 향해 원망의 타래를 풀어 대다니 우스꽝스럽다.

이미 이승을 떠난 그분을 향해 내가 뭘 할 수 있겠는가. 이젠 모든 걸 털어 낼 수 있는 능력을 키워 나가야 될 것 같다. 살면 얼마나 산다고 ㅋㅋㅋ.

그래, 오늘은 다른 날보다 좀 더 열심히 하루를 보내야지!

간밤 직원들한테 끌려 밤 12시가 다 되도록 노래방에서 웃고 떠들었다. 얼마나 재밌게들 노는지 그것을 보는 것만으로 난 배꼽이 빠질 만큼 웃어 젖혔다. 그래도 오늘 새벽엔 그다지 힘들이지 않고 벌떡 일어나 나왔다.

생일?

그것 참!

어머니의 몸을 빌려 생명을 주신 이에게 나를 이 세상에 나오게 해서 이때까지 나를 지탱하게 해 주신 이유 하나만으로도 무한한 감사를 올려야 될 것 같다.

감사합니다.

오늘부터 나를 있게 해 주신 은총을 온 땅에 퍼지게 할 수 있는 힘을 내게 주소서!

아멘!

연락 두절

살아 있는데, 이 하늘 아래 살아 있는 게 분명한데 연락이 안 될 때 그가 어떤 사람이건 간에 가슴이 무너져 내린다.

'자라 보고 놀란 가슴 솥뚜껑 보고 놀란다'는 속담처럼 난 그녀를 생각하면 안절부절못한다.

아들을 가슴에 묻고 슬픔을 가누지 못하는 그녀를 대할 때마다 무슨 말을 할까, 어떤 행동을 취할까 하는 망설임으로 나를 부자연스럽게 만드는 그녀가 어제 온종일 나를 당혹케 했다.

몇 번씩이나 전화를 해도 받지 않고 문자를 보내도 묵묵부답이었다. 바늘과 실처럼 붙어 다니는 그녀의 언니조차 연락이 안 되어 결국엔 '내 연락조차 받기 싫은 건가?' 하는 오해가 생길 만치 가슴이 두근거렸다.

꾹꾹 눌러 참다 오늘 아침 그녀 남편에게 전활 걸었다.

"어이 홍 서방, 그대 부인 무슨 일 있어? 어제 하루 종일 연락이 안 되네."

"어어! 중국 여행 갔어!"

"언니도?"

"어, 같이 갔어. 오늘 저녁에 와."

휴우, 그랬었구나! 이젠 해외여행도 가고 그러는구나!

얼마나 다행인가? 난 그녀가 아예 정신줄을 놓고 살면 어쩌나 하는 조바심으로 애가 탔는데!

몇 년이 지난 지금도 난 그날 영안실에서 자지러지던 그녀의 통곡을 잊을 수 없다. 군 입대를 일주일 남겨 놓고 목숨을 끊어 버린 아들놈 때문에 넋이 나간 그녀 부부를 어찌 잊을 수 있단 말인가?

젊은 해군들이 참변을 당한 뉴스를 접하고도 심장이 벌렁거렸다.

가장 꽃다운 나이에 아무런 예고도 없이 이승에서 멀어져 간 그네들의 가족들은 과연 어떻게 숨을 쉴 수 있겠는가?

속수무책으로 처분에도 자유롭지 못한 그네들의 영혼에 이 순간 깊은 애도의 뜻을 전한다.

"저 높은 나라에 가거들랑 부디 강대국에 태어나고, 슬픔 없는 삶에 끼어 편안해지기를!"

난 안다. 연락두절의 저릿함을, 그 모진 통증을!

뜨거운 맛

내 그럴 줄 알았어!

뜨거운 맛을 봐야 정신을 차린다니까?

내 살면서 언제나 뜨거움 속에서 살다 보니 누가 뜨거운 맛 어쩌고 하면 그냥 피식 웃었는데 오늘 아침,

'이게 바로 살아내는 살이 속에서 느낄 수 있는 뜨거운 맛이구나!' 하고 느낄 만큼 가슴이 답답했다.

내일은 모르쇠 하고 그냥 오늘만 살고 말 것처럼 즉흥적이고 막가는 심정으로 내가 하고 싶으면 하고 하기 싫으면 안 하는 그런 마음이 다소 많다고는 생각했어도 나 자신이 이처럼 대책 없이 살았나 싶어 갑자기 숨통이 콱 막히는 그런 기분이 들었다.

이거 원 어디 도망칠 구멍도 없는데 어디로 고갤 돌릴지, 탈출구를 찾아 또 얼마나 허우적댈 것인지 생각하니 정신이 번쩍 들고 동시에 아득하기만 했다.

매달 어찌어찌 아슬아슬하게 넘기는 것도 이젠 지겨워 살이마저 시들해지고, 사람들만 보면 무서워 마치 자폐증 환자처럼 방구석에만

처박혀 있고 싶어지는 나날들이 많아져 요즘 들어 부쩍 잠 못 드는 불면의 밤이 많다.

버거운 나날들 속에서 특별히 어떤 하늘을 향해 비벼 댈 언덕을 주십사 애원하고픈 생각을 한다는 자체부터가 자존심이 상해 그저 국으로 앉아 있는 상태다.

간밤 딸아이가 방방 뜨는 목소리로 전화를 했다.

"엄마! 나 내일 강원도로 1박2일 수련회 가는데…."

"그렇게 좋아? 그럼 잘 갔다 와! 감기 조심하고."

"그게 아니라, 엄마 감기 조심하라고 전화한 거야, 뚱아!"

내가 너무 축을 떨어뜨린 것 아닌가 싶을 정도로 전화를 서둘러 끊고 난 후 내내 미안했다.

참 많이도 긍정적이고 착한 내 딸!

가장 염려했던 부분인데, 전혀 아무렇지도 않게 긍정적이고 당당한 딸아이를 난 자주 부러워한다. 내가 깊이 있는 대화를 요구할 때 그 애는 답답해하며 잘 울기 때문에 거의 대화를 피하며 살아온 날들 속에 난 나를 완전히 가둬 놓은 모양이다.

무슨 일에서건 우선적으로 내일 일을 미리 걱정하는 미련스러움을 껴안고 사는 터라 천하태평인 사람을 보면 부아가 치밀고 답답하다.

그런데 지금은 그런 사고를 갖고 사는 사람이 부러운 까닭을 모르겠다.

이젠 슬슬 꾀병을 부리고 싶다는 어기뚱한 생각들로 인해 불면의 밤은 길어지고 우울증이 자꾸만 깊어지나 보다.

새벽에 사무실로 달려가 정신을 집중해서 일하는 시간을 제외하고는 매 순간 정신이 혼미해지고 살이가 시큰둥하고 짜증스럽고 또 다른 엄청난 생각으로 몰입되고 그렇다.

그리고 더 두려운 것은 내 뒤통수에 대고 이런저런 야유나 어설픈 충고에도 눈썹 하나 까딱 안 했는데 이제는 그네들의 이야기가 윙윙 거리고 고막을 째듯 달려들어 정신을 차릴 수 없는 것이다.

이게 살이 속에서 느낄 수 있는 진정 '뜨거운 맛'이란 말인가 싶어 가슴이 와랑와랑 뛴다.

어서 빨리 아침조회가 끝났으면 하는 바람이 머릿속을 뒤집는다.

운전대를 잡고 날아가고 싶다. 3~4시간 운전을 하면 조금은 더 피곤해서 잠을 불러올 수 있을 것 같다.

아! 이 뜨거운 맛에서 자유로워지고 싶다.

한 가슴, 두 마음

요즘은 출근시간에 세상이 까맣다.

가끔씩 불빛이 어리는 곳을 지날 때면 널브러져 있는 낙엽을 본다.

낭만?

내 나이엔 낭만보다는 을씨년스러움이 가슴 한 곳을 훑고 지나가며 굉음을 낸다.

나도 얼마 전까지는 미화원들이 낙엽을 열심히 쓸고 있으면 화가 났다. 심지어는 곁에 다가가 묻기도 했었다.

"이렇게 멋진 것을 왜 힘들여 쓸어요?"

"우리도 안 쓸면야 좋지! 헌데 비라도 와서 낙엽에 미끄러지면 난리가 아냐! 민원이 쏟아진다고."

우우 오늘은 웬일?

윗분이 뜬다니까 9시가 다 돼야 오는 팀장 셋과 총무가 왔다. 윗분이 무섭긴 무서운가 보다.

나도 머리가 산란해 그만 들어가야 될 모양!

이제야 철이 드나?

새벽바람이 차가울 것 같아 좀 두꺼운 재킷을 걸치고 나왔는데 역시나 선선함이 얼굴을 간질였다.

기분을 좀 업시키고 싶다. 늘 안고 있어야 될 스트레스를 이젠 과감하게 털어 내고 싶은 것이다.

어젯밤 딸아이가 전활 했다.

"엄마! 우리 사무실에 전화했댔어?"

"왜?"

"사무실 서 과장이 엄마한테 빨리 전화 드리라고 전화했더라구. 미안, 여긴 뱅가지인데 대충 정리하고, 그리고 전화카드 사서 바로 전화하려고 했지."

"니가 엄마 맘을 어찌 알겠어!"

"카드 사면 곧장 전화할게. 엄마 잘 지내! 사랑해!"

"엄마도 사랑해. 매사 신중하게 몸조심하고 지혜롭게…."

딸아인 매사 나에 비해 몇 배나 더 긍정적이고 밝다. 어릴 때부터 그 부분에 가장 신경을 곤두세우고 염려했었는데, 다행히도 그 부분은 성공했지 싶다. 사춘기를 겪을 때 우울할 법도 한데 단 한 번도 그런 내색을 안 했던 속 깊은 아이다. 이젠 성인이 됐는데 내 입에서 '푼수'라고 할 만치 덜렁댄다. 건성이라고 말하긴 좀 뭐하고….

"너 그래 갖고 회사 대표로 해외출장 가면 일이나 제대로 하니?"

"걱정 마셔. 우리 사장이 나더러 경력 사오 년 된 사람보다 더 잘한댔어."

"이제 육 개월 된 너한테 설마 그런 얘길 했을라구."

"엄마나 나를 과소평가하지, 다른 사람들은 안 그래."

"아냐, 과소평가하긴! 다만 딸이 좀 더 겸손하고 진지했으면 하고 바라는 것뿐이야!"

한마디 시비를 걸었다가 난 번번이 딸애의 당당함 때문에 기가 질린다. 아무튼 별종이다. 그 애한테 시야를 넓혀 주느라 노력한 보람을 가끔은 느낀다.

"엄마, 난 사막에 갖다 놔도 살아날 수 있으니 염려 마셔."

헐, 내 딸아인 이런데 난 이게 뭔가?

허구한 날 사랑한다, 사랑하지 않는다, 시시비비를 못 가려 허우적대고 발작이 일고 분노하고 있으니 말이다.

어제 마감을 못 친 탓인지 시간이 훌쩍 지났는데도 소장은 아직이다. 조회가 끝나는 대로 소나기를 피해 밖으로 도망칠 궁리를 하고 있다. 이 얼마나 한심한 작태인가?

기분이 좋고 나쁨은 가장 얇은 백지 한 장 차이도 아닌 걸 가지고 목숨을 건 듯 노여워했던 기억들이 새삼스레 열없게 달려든다. 이제야 내가 철이 드나?

들썩!

지금껏 살아오면서 내 팔의 힘에 대해 고마움을 별로 느끼지 못하고 살았지 싶다.

무슨 일을 하더라도 팔의 힘으로 들썩! 해야만 모든 걸 할 수 있었는데 이제 난 그놈의 들썩을 할 수 없어 서러운 것이다.

병원에 가서 촬영을 해 봐도 그냥 집에서 쉬라는 말 외에는 아무런 대답을 기대할 수 없다.

내가 그래도 날렵하게 깡말랐을 때도 그랬고, 이번처럼 호되게 앓아눕기 전에는 늘 그러려니 하면서 팔에 별 고마움을 느끼지 않았던 것 같다.

나 같은 하지마비 환자들에게 팔의 힘이란 얼마나 대단한 것인지 요즘 들어 새삼 느끼며 애달파한다.

어제 아침조회 시 점장이 동영상 하나를 보여 줄 때 난 눈물이 났다. 하체가 전혀 없는 '노즈마리 시긴스'의 위대한 살이를 보여 주는데 난 그만 으악! 괴성을 지를 뻔했다.

난 56년을 살면서 세상에서 내가 최고로 불행하다고 생각하며 가슴 한쪽을 아주 단단한 족쇄로 걸어 잠근 채 살아 냈다. 그리고 누구에게든 손을 내밀지 않고 살았지 싶다.

그러면서 타령처럼,

“나에겐 비빌 언덕이 없고 누구 하나 날 돌아보는 자가 없이 그냥 세상에 버려진 채 살았어. 부모도 형제도 날 버렸고, 그래서 내 살이는 너무 버겁고 삭막하고 외로웠어.”
하며 나의 고독을 한층 더 높이기에 급급했고 남의 도움을 과감하게 뿌리치며 가슴 한편에 독 오른 시선을 숨긴 채 독야청청 혼자 잘난 맛으로 살았다. 매번 힘들어 죽을 것 같은 버거운 나날들 속에서 외마디 비명조차 지르지 못하며 살았다.

그런 내가 그놈의 들썩을 못해 화장실 한번 가는 것에도 식은땀을 빼고, 의자에서 한번 일어나는 것도 네댓 번은 더 주저앉았다 일어났다 해야 할 만치 내 살이는 요즘 최악이다.

일주일을 방구석에서 서럽게 뒹굴다 습관처럼 다시 사무실에 나오긴 했는데 온몸에 파스를 덕지덕지 붙이고서이다. 그나마 힘을 나눠 쓰던 팔에 힘이 전혀 없는 관계로 움직임이 더 힘들어졌다.

어깻죽지를 도끼로 찍어 내는 통증이 몰릴 때 나는 서러움의 눈물을 꾸역꾸역 삼키며 기도한다.

감사합니다.

이나마 숨을 쉬고 움직일 수 있어 감사합니다.

이런 축복마저 제게서 빼앗지 마시고, 이보다 더 가혹하게 내치지 마시고 조금만 더 긍휼을 제게 베풀어 주소서!

당신의 사랑을 위해 마지막까지 견딜 수 있게 하시고, 당신의 사랑을 위해 마지막까지 의연하고 정의롭게 하시고 사랑하게 해 주시길

원하나이다.

당신의 사랑을 온몸으로 실천하며 마지막까지 견디게 하소서.

아멘!

이렇게 염원하고 하루하루를 견디고 있다.

설마 죽기야 하겠어?

일본의 대지진의 참사에도 많은 이들이 견디고 있는 요즘!

밤비가 내린다

천둥번개를 동반한 비가 내리고 있다.

내 생활 모두가 천둥번개와 낙뢰까지 동반한 가운데 오도카니 하늘에 떠서 아무 데도 가지 못한 채 방황한 몇 날이 휘딱 지나고 말았다.

어지럼증이 심하다.

어린이날 홍성에 있는 '그림이 있는 아름다운 정원'에 갔었고, 선운사, '단양 대한민국 미술대전'에 갔었다.

남의 잔치에 갔었던 주변인간의 비애감!

뭐라고 딱 잘라 말할 수 없었지만, 내 살이 모두가 회오리에 휘말려 아무것도 할 수 없었던 나날 속에서 정신을 차릴 수가 없었다.

오늘도 부처님 오신 날이라고 휴일인데 진종일 아무것도 할 수 없을 만치, 온몸을 가눌 수 없을 만치 맥이 빠져 하루를 보냈다.

내 영혼이 온통 갉아먹힌 기분, 껍질만 남은 내 모든 것에 진저리를 쳐 대며 웅크리고 있었다.

어른이 울어

무려 46분이나 자동차 문에 기대어 안간힘을 썼지만 소용없었다.

어제 내린 눈이 녹아내렸는데, 밤새 꽁꽁 얼어붙었는지 어찌 해 볼 엄두가 나질 않았다.

손은 마비 상태고, 그렇다고 집으로 다시 들어가는 것은 더 위험한 상태라서 콜택시를 부르려 전화를 거니 계속 통화 중이었다.

염치 불고하고 봉화에게 전화를 걸었으나 받지 않았다. 다시 열쇠 구멍에 라이터 불을 대 보는 바보짓만 하고 있을 때 봉화가 왔다.

봉화는 차에 대해 잘 모르니 앞뒤를 다니며 차문을 잡아당기는 데만 애를 썼다. 어찌어찌해 합동작전 성공, 조수석 뒷자리가 다행히 열렸다.

들어가 어디를 젖히라 해도 무조건 미는 데 진을 빼는 그녀!

불 켜는 곳을 겨우 찾아 켜고 잡아 젖히더니 문이 열렸다.

"고마워!"

눈물이 주르르 흘렀다.

손가락이 얼어 한동안 시동을 걸 수가 없었지만, 그녀가 창밖에서 넋을 놓고 바라보는 통에 빨리 그 자리를 뜨는 수밖에 없었다.

사무실로 오는 내내 눈물이 흘렀다. 나도 모르게 중얼거렸다.

"어른이 울어?"

그렇다. 난 아직 어른이 안 됐나 보다. 걸핏하면 내 설움에 겨워 잘 운다.

울고 싶을 때 뺨 맞는 기분을 아는 사람은 알리라!

가끔 꿈속에서 서럽게 울다 보면 울음소리에 눈을 뜨곤 하면서 또 한바탕 서러운 웃음을 웃어 본다.

아직도 손이 시리다.

월요일 시작이 이게 뭐람?

아니다, 이나마 올 수 있게 해 주신 이에게 깊은 감사를 드린다.

그래, 어른도 울 수 있는 거지 뭐?

봉화야, 정말 눈물 나게 고맙다잉!

복 받을 겨!

어른도 울어야 돼, 그래야 가슴에 들어찬 것들을 청소할 수 있지.

안 그래?

아침이 참 춥다

설 쇠고 그냥 숨만 헐떡이며 지냈었다. 정말이지 오랜만에 이곳에 들렀다.

한겨울에도 춥다는 생각을 하지 않고 보낸 까닭을 짚어 보니 내 곁에서 항상 불빛을 아끼지 않았던 전기히터였다. 겨울 내내 나를 따뜻하게 보호해 준 전기히터의 고마움을 이 아침 절절히 느낀다.

제일 때 몇 개월 고생해서 자격증을 땄었다. 그 자격증 수당을 딱 일 년만 주고 말더니 이번 통합 후 다시 따란다.

전신마취를 열다섯 번이나 해서 그런지 내 기억력은 정확히 3초에 불과하다. 그래서 내가 여기 다니는 동안에는 절대 시험이란 것을 보지 않겠다고 다짐했지만, 그렇다고 남들 다 하는 걸 무시할 수는 없어 고민에 고민을 거듭하다 지난 19일 긴장 속에서 시험이란 걸 치렀다.

그런 후 내내 가슴이 허전하고 이 아침 자꾸만 어깨가 움츠러들고 등뼈가 뻐근하고 아프다. 게다가 겨울 내내 나를 따뜻하게 지켜 준 전기히터가 고장이 나 버리니 가슴까지 서늘하다. 애프터서비스도 못

받는다고 한다.

요즘은 우리 것 찾기가 힘들 만치 99퍼센트가 중국산이다. 예전엔 공짜로 준다고 해도 '메이드 인 차이나'는 사용하지 않았는데….

제아무리 오이엠 방식이 어쩌고 해도 중국 물건은 참 신뢰가 가지 않는다. 그냥 한 번 쓰고 말 것이란 기분을 떨쳐 낼 수가 없다.

내가 사용해야 되는 물건 중에서 중국산이 하나라도 있으면 기분이 나쁠 만치 그네들이 만든 물건을 사용한 기억이 별로 없다. 그래서 예전엔 아무리 비싸도 고객들에게 주는 선물을 우리 국산만 고집했는데 이젠 그런 것들을 기대할 수 없다.

완연한 봄이 오기 전까지는 새벽공기가 차가울 텐데 하는 생각이 이 아침을 더 춥게 하는 것 같다.

사람들이 한둘씩 들어오는 걸 보니 오늘도 시작됐나 보다.

몸과 마음이 추운 이 아침 자꾸만 움츠러든다.

힘이여, 솟아라!

춥다, 가슴이 꽁꽁 얼어 버릴 만치….

또 한 영혼이 떠났다

내가 참 많이도 미워한 하나밖에 없는 오빠가 오늘 새벽 2시에 이승을 떠났단다. 언젠가 병문안을 갔을 때 그 모습이 너무 충격적이어서 다시 가 보고 싶지 않아 그냥 모른 척 외면하고 있었는데….

내게 오빠는 늘 애틋하고 안쓰럽고 밉고 그랬었다. 조금만 더 내 가슴으로 끌어안을 수 있었다면!

나하고는 열한 살 차이여서 늘 존댓말을 썼고 거리감을 두고 살았던 오빠. 한때는 내 선망의 대상이었지만 순간순간 살의를 느끼며 미워했던 오빠가 이승에서는 다시 볼 수 없는 저 먼 나라로 떠났단다.

한 영혼이 생명을 부여받아 이 땅에서 사는 동안 가족이나 측근에게 얼마만 한 영향을 주며 살아가는지, 그리고 타인에게 얼마큼이나 깊은 상흔을 남기며 많은 아픔을 주는지 모른다.

살아 내는 게 기적이고 앞으로 살아갈 날들이 기적인 것처럼, 부여받은 생명을 유용하게 잘 이용하다 주신 이에게 부르심을 받고 기쁜 마음으로 떠나는 이가 과연 얼마나 될까?

언젠가는 떠나려니 했지만 막상 떠났다는 말을 들으니 적지 않은 충격이 아픔으로 달려들어 어질어질하다. 너무나 고통스러워 못 견뎌 했는데 이제는 완전한 자유의 몸으로 육신을 벗고 저 높은 곳에서 맞이하실 그분들을 찾아가 좀 더 편안해지길 간절히 기도한다.

내 하나밖에 없는 오빠!

우리 서로에게 남아 있는 아픔이나 미움, 그리고 감정의 찌꺼기가 있거들랑 다 잊어버리고 용서하고 떠나요! 나도 오빠가 떠나기 전 털어 낼 것 다 털어 내려 했는데 차일피일 미루다 이렇듯 어이없어 합니다. 참으로 할 말이 많았는데 오빠는 말도 못하고 두 눈만 멀뚱거리며 아무런 방어능력 없이 시간만 보내고 말았네요.

이승에서 사는 동안 꿈을 펼치지 못해 많이도 외롭고 고독한 삶을 연명하며 아파하는 오빠의 침묵을 보면서 나도 참 아파했고 속이 상해 일부러 오빠를 외면했는데 용서하세요. 모든 걸 훌훌 털어 내고 떠나세요.

지금도 생각나네요.

— 그래도 네 언니가 아무도 없을 때는 나한테 잘해.

하면서 씁쓸하게 웃던 모습!

오빠만 보면 잡아먹을 듯 으르렁거리던 오빠의 처가 보기 싫어 더 가기가 싫었다면 핑계일는지요.

잘 가세요.

가슴이 먹먹해 아무것도 할 수가 없다.

딸아이한테 전화를 걸어 시간 맞춰 내려오라고 해 놓고 난 되레 영안실에 갈 엄두를 내지 못하고 망연자실할 뿐이다.

왜 연락을 안 했냐면

큰언니가 아침 일찍 전화를 걸어왔다.

"너한테 왜 연락을 안 했냐면, 네가 워낙 바쁘다 보니…."

"나 이젠 모든 걸 터득하고 살고 있으니 신경 쓰지 마세요."

가족의 모든 행사에 늘 나와 내 딸아이는 제외된 상태로 살았기 때문에 이번이라고 별다른 감흥이 있을 리 없다.

하지만 막상 큰언니의 변명 같지 않은 전화를 받고 보니 이 아침 갑자기 욱 치미는 그 무엇이!

그렇다고 내가 어찌할 수 있는 것은 아무것도 없다.

어제 영안실에 갔을 때 조카사위가 했던 말이 자꾸만 목울대를 울리고 있다.

"고모님, 아버님 마지막 모습인데 보셔야지요!"

"미안하네. 정말이지 볼 수가 없을 것 같네. 내가 가서 본다고 오빠가 살아 올 수 있다면 몰라도, 안 보고 싶으니 이해해 주게!"

대신 딸아이한테 입관예배에 참석케 해 놓고 난 그사이 아무도 없는 상다리에 의지한 채 소주를 한 병이나 마셨다. 그런데도 정신만 말

똥거리고 견디기가 힘들어 딸아이를 빨리 오라고 재촉해 도망치듯 영안실을 빠져나왔다.

그네들 아무에게도 간다는 말도 안 하고 와서 내내 찜찜했는데 오늘 아침에 큰언니가 전화를 한 것이다.

내가 이렇듯 춥고 외롭게 부모형제들의 주변인물조차도 되지 못하고 살았는데 내 사랑하는 딸은 얼마나 외로웠을까?

생각만으로도 가슴이 저릿저릿 아프고 또 아프다.

그래도 근무 중에 군말 없이 내려와 준 딸아이가 고마워 아무 말도 못했다.

그냥저냥 어울렁더울렁 뒤엉켜 살고 싶은데 자꾸만 앙칼진 그놈의 그 무엇이 서슬 퍼런 칼날을 번득이게 하는 통에 내 살이는 더 많이 곤고하고 아프다.

이젠 모든 것을 하나둘 내려놓는 연습을 하면서 정말 툴툴 털어내고 싶다.

'왜 연락을 안 했냐면' 따위 변명 같은 것에도 연연해하지 않고 그냥 웃어넘기고 싶은 것이다.

내 마음속 수없이 많은 감옥들의 열쇠를 하나씩 내팽개쳐 버리고 이보다 좀 더 자유로워질 수 있기를!

시간

폭설이!

기온이 아침엔 영하 13도 이하로 떨어졌었다.

어른들을 모시고 가야 될 상황이라 창밖의 눈을 걱정스레 바라보며, 그래도 20여 년 동안 눈길 운전을 해 왔던 경험으로 용기 내어 교회 갈 준비를 서둘러 마쳤다.

"눈이 너무 많이 내려 교회 차 운행을 못할 것 같으니 가까운 교회에 가서 예배를 드리지요."

내가 섬기는 교회는 전주 시내가 아닌, 시내권에서 벗어난 완주군에 있어 주일엔 내가 김 기사.

그렇지 않아도 어른들이 내 차를 타고 가면서 불안해하시겠군, 이런 생각을 하던 차 후퇴 명령을 따라 어르신 목사님과 집사님께 전화로 알리고는 나만의 방식대로 안식일을 지키고 있었다.

단 한순간도, 단 한 가지도 내 것이었던 것이 없었던 내 살이 속에서 유일하게 내 것인 게 있다면 내가 내 맘대로 요리할 수 있는 시간이었음을 절감하면서 살아 낸 세월을 되돌아본다.

서럽게 나를 지탱시켜 주었던 내 시간들이 주마등처럼 지나간다. 많이 감사하고 또 감사한다.

이보다 젊어서는 잠자는 시간조차 죽어 있는 듯한 생각이 들어 아깝고 또 아까워 잠을 자지 않았었다. 그런 내게 있어서 제일 화가 나는 것은 '사생활 침해'이다.

사람들은 나만 보면 심심하지? 외롭지 않아? 물어 댄다. 그러고는 수시로 초인종을 눌러 대는 것이었다.

그럴수록 내 속은 더욱 부글부글 끓으며 못된 성깔을 긁어 댔다.

그런데 이젠 그러지 않기로 했다.

뭐가 됐든 내게 다가와서 멈칫거리는 그 짧은 시간조차도 타인이 원한다면 주리라.

나를 위해서 시간을 나눠 주기로 맘을 먹은 것이다.

좀 전에 3층 언니가 이런저런 얘기를 하면서 내가 뽑아 준 커피를 마시고 가면서 5시 30분에 또 온댄다.

예전 같으면 거절할 수도 있었겠지만 그러라고 했다. 아니, 한술 더 떴다.

"안주 좋은 게 있으니 소주 한 잔 합시다?"

언니가 집에 다니러 간 사이 난 나름대로 오늘 하루를 정리해 본다.

내게 주어진 시간을 알뜰살뜰 챙겨야 된다면 그렇게 하고 촌음을 아끼면 된다고 뇌까리면서 키득거려 본다.

내 몸이 자꾸만 버석거린다.

아픈 곳이 하나 둘 늘어날수록 나에게 주어진 시간들을 더 잘 챙겨야 된다고 생각하면서 '감사합니다'를 연신 뇌까린다.

단 한 순간도 아무것도 할 수 없었고 앉아 있는 것조차 못하던 그때를 생각하면서 이 순간 나는 무조건 '감사합니다'를 외치며 마지막까지 견뎌 내리라.

그리고 나를 좀 더 사랑하리라.

내게 주어진 시간 속에서 말이다.

제3부

베란다에 놀러 온 햇살

먹먹한 이 가슴을

어떤 노력이나 어떤 방법을 동원해도 치유될 수 없는 이 모든 것들이 내 가슴을 꽉 막아 버려 숨통을 조이고 있다.

휴가를 다녀온 후 내내 갑갑하고 풀리지 않는 그 무엇에 홀려 넋이 반쯤 나간 상태로 시간만 살라 먹고 무지막지한 커다란 벽을 바라보며 무릎을 모아 쥐고 앉아 있다.

어지럽다. 내 살이가 너무 버거워 숨이 차다. 여섯 살의 반란으로부터 지금 나이가 되도록 꽤나 많은 시간 동안, 정말이지 혼신의 노력으로 예까지 왔는데 아직도 아득하고 내가 머나먼 다른 우주에서 온 것처럼 언제나 주변 인물로밖에는 살 수 없는 것인가? 하는 의문점이 나를 못 견디게 하고 있음이다.

무슨 이유인지도 모른 채 세상 밖으로 밀려나는 게 싫어, 인간들 틈에 끼어 살고 싶어 피멍을 스스로 치유하며 살아 냈는데 아직도 첩첩산중이니 날보고 어쩌란 말인가?

정말이지 힘에 부친다.

대한민국의 한 사람으로서 다른 이들이 내는 세금도 냈고 국민의

의무를 다하며 최선을 다해 살았는데 내게 돌아오는 것은 언제나 씁쓸하고 쓰디쓴 아픔과 허무뿐이니 여기서 얼마나 더 노력을 하란 말인가?

다른 사람이 잠자는 시간까지 투자하며 노력한 대가치고는 혹독한 현실이 너무 아파 견뎌 내기가 이젠 힘에 부친다. 아니, 더 정확히 말해서 잡았던 끈을 놔 버리고 싶을 만치 지치고 또 지친다.

회사에서도 그렇다. 내가 장애인이라고 해서 단 한 가지 배려해 주는 것도 없으면서 매번 내 자존심을 뭉개 버리는 그런 것들이 나를 못 견디게 하고 오기를 발동시키게 하고 있음이다.

언제까지 내가 이 땅에서 주변인처럼 참고 살아야 되는 것일까?

죽을 때까지라고 한다면, 그게 내가 짊어지고 가야 될 몫이라면 그리 할 것이다.

허나 내 그토록 노력하면 조그만 희망의 불빛이라도 보여야 되지 않는가 말이다.

제자리 그 키로 내 숨통을 막아서며 떡 버티고 있는 이 현실이 너무 아파 내 스스로 포기하고 싶다는 나약함과 끝까지 견뎌야 된다는 오기가 맞서 싸워 온 50여 년이 요즘 들어 너무 버겁고 아프다.

어릴 때부터 난 큰 나무가 되고 싶었는데 이 상태로라면 큰 나무는 커녕 불쏘시개로도 쓰일 수 없을 것 같아 불안하고 조급스러워 죽을 맛이다.

위 아래 앞 뒤 모두를 둘러보아도 깜깜한 이 절망감을 어찌할 거나.

딸아이가 오늘 내려온다고 했는데, 그 애를 보면 걷잡을 수 없이 무너져 내릴 것 같아 미리부터 겁이 난다.

딸아이는 내가 마치 슈퍼맨이나 되는 것처럼, 그냥 모든 게 만능인

줄 알고 있다. 어릴 때 이후로 내내 그 애는 내가 모든 걸 해결하는 그런 사람으로 알고 있다. 그래서 더 두려운 그 애!

밤새 비가 바람을 동반해 사납게 내리더니 출근길에도 괴물처럼 달려들었다.

어둠과 바람, 그리고 불빛 사이로 흐느적거리며 달려들던 그 빗줄기가 이 시간에도 자꾸만 환영처럼 달려든다.

이 아픔을 어찌 견뎌 내야 될지!

자꾸만 눈물이

누가 보면 안 되는데 자꾸만 눈물이 주책없이 흐르고 있다.

무던히 참고 또 참아 보지만 서럽고 약 오름이 가슴팍을 저릿저릿 아프게 후벼 파고 있어 사무실에 더 이상 앉아 있기 힘들다.

내 돈은 1억 이상이나 떼였는데, 막상 카드사에서는 60여 만 원이 입금 안 되었다고 여러 군데서 전화가 빗발친다.

누가 나한테 돈을 빌려 주지 않을 것 같아 신용카드만 이용하다 보니 눈덩이처럼 늘어났다.

자동차를 압류한다기에 주머니를 탈탈 털어 보니 그마저도 7만여 원이 모자라 키득거리며 입금하고 사무실로 오는 엘리베이터에서 자꾸만 눈물이 흘러내리는 통에 이를 악물어 본다. 얼마나 더 버틸 수 있을는지….

병원에서 진료 마치고 주에 한 번 사무실에 오는 날이라 집으로 갈까 하다 왔는데 공연히 온 것 같다.

마지막 선물

버려야 될 것과 끌어안아야 될 것들!

정리되지 않고 뒤죽박죽인 채로 내 가슴과 머릿속을 꽉 메운 것들 때문에 밤을 꼬박 새운 탓인지 화요일밖에 안 된 이번 주는 참으로 얄궂게 뒤숭숭하다.

누가 나에게 돌팔매질을 할지도 모르겠다. 10여 년 전부터 대해 왔고 보고 느꼈던 치매 노인들을 보면서 난 내내 그런 생각을 했었다.

참 괜찮은 선배 집사님과 한참을 통화하면서,

"집사님, 전 하나님이 정말 탄복하리만큼 지혜롭고 인자하시다고 생각해요. 전 말예요 치매는 생명을 주신 하나님께서 미련하고 약한 인간에게 마지막으로 내려 주신 축복이 아닌가 싶어요."

"그럴 수도 있겠네. 나도 언젠가 그런 글을 읽은 적이 있거든."

"그쵸? 그런데 집사님은 시모님이 밉지 않으세요?"

"참, 뭐라 할까? 상대가 돼야 미워하고 말고 할 게 있지! 세 살배기 아이처럼 내 발목을 꼭 잡고 다니는데 어떻게 미워해. 형제들은 어머니를 시설에 맡기자고 하는데, 난 내가 할 수 있을 때까지 모셔 보려고. 예전 그 표독함은 어디에도 없고 그냥 세 살 먹은 천사야!"

내가 그 시모님을 잘 안다. 젊어서는 며느리 끄덩이 잡고 패대기치는 것은 기본이었던 그분이 치매에 걸린 지 2년쯤 됐다. 다른 며느리는 외면하고 오직 자기만 졸졸 따라다니는 그분이 밉지 않다고 말하는 집사님 얘기가 조금은 이해가 된다.

경외하는 분께서 인간에게 마지막으로 내려 주신 축복이 치매라면 나에게 돌팔매질을 할지 모른다.

그런데 옆사람(배우자, 자식)들의 가슴을 후벼 파고 안타깝게 할지언정 본인은 그저 편안하고 행복한 치매! 치매환자들은 기억하고 싶은 것만 기억하고 생각하고 싶지 않은 것은 하얀 백지로 만드는 능력을 가지고 있다.

치매환자들을 보면 그냥 천사 같다는 생각을 해 본다. 망각하고 싶어도 망각할 수 없는 살이 속에서의 원한과 분노, 그리고 아픔까지도 하얗게 지울 수 있는 능력을 감히 정상의 인간들이 가질 수 있을까?

인생살이 속에서 시달리며 떨쳐낼 수 없었던 아픔들을 숨 거두기 직전까지 끌어안고 간다면 그 고통의 수치는 과연 얼마나 될까?

암환자가 느끼는 고통의 수치가 1~10까지라는데, 아마도 그보다 훨씬 높은 수치를 끌어안아야 될지도 모른다. 인간이 느껴야 되는 최고의 고통 수치는 감히 숫자로 대신 할 수 없을 것 같다.

욥과 같은 고통을 견딜 수 있는 자에게는 치매를 주지 않으시고 너무 안쓰럽고 긍휼히 여기고 싶은 이에게 경외하는 그분이 내려주신 최고의 선물인 치매!

내 생각이 너무 악랄한가?

설령 그렇다 해도 난 치매를 생명을 주신 이가 우리 인간에게 마지막으로 주신 선물이라고 감히 말하고 싶다.

이 가을날의 나

지금 시간이 새벽 4시를 달리고 있는데 아파서 견딜 수가 없다.

가난한 자에게 내리는 신의 축복이라고, 어느 날 커튼까지 떼어내고 방 안 깊숙이 받아들인 햇살이 지금 내가 누릴 수 있는 최대의 행복이리라.

어느 순간부터 어디가 아프다고 확실히 꼬집어 말할 수는 없어도 아파서 숨도 쉬기 싫을 만치 이 가을이 내겐 너무 아프게 달려든다.

지난주에 딸아이한테,

— 니네 엄니 가을 무쟈게 많이 타거든.

하고 카톡으로 문자를 보냈더니,

— ㅋㅋㅋ 연락 자주 할게요.

라는 답신이 왔다. 좀 더 긴 대화를 하고 싶었지만 워낙 바쁜 애한테 다가가기도 뭐했다. 그리고 어제 내려오기로 했었는데 오늘 출장이라고 내려오지 못했다.

전에 있던 회사에선 토요일에 출장이 없었는데 인센티브를 좀 더 주는 만큼 부려먹는다는 생각이 들 만치 자주 토요일 출장이다. 8월에 지금 다니는 회사에서 데려간 이후 평소 3주에 한 번은 오겠다고 말했지만 추석 이후 아직이다.

"엄마, 나 담 주에 갈게유."

"담 주가 돼 봐야지."

우린 매번 이런 얕은 대화로 서로를 인식시키는 게 전부인 듯싶다.

사고 때 수술했던 어깨에 탈이 생겨 목요일부터 통증에 시달리고 있는 지금 나는 요즘같이 가슴이 아픈 날 어깨통증이 벗으로 다가와 줘서 차라리 괜찮은 기분이 든다. 가슴 어느 한구석이 아프지 않은 곳이 없어 밤이면 하얗게 홀딱 지새고 낮에는 무엇을 하든 빙그르르 돌아 버릴 것 같은 비몽사몽이 나의 살이를 뒤죽박죽으로 만들고 있다.

정말 오랜만에 내 블로그에도 들어가 보니 내가 한 계절을 어찌 낭비해 버렸는지 막연한 시선이 나에게 동정의 아픔을 건네고 있다.

그저 내 아픈 곳의 통증을 후벼 파는 것이 내 살이의 전부인 것 같아 모든 게 시들하고, 원망과 분노와 적개심이 또 다른 곳으로 침투할까 두려워 아무것도 모른 체 무감정 무통증을 고수하는지도 모른다.

내가 숨 쉬고 있다는 사실 하나만으로 이대로 버텨 낼 수 있을는지.

나에게 생명을 주신 하나님, 부디 내게 조금이라도 남아 꿈틀대고 있는 이 열정을 소진시키지 마세요. 간절히 원합니다. 아멘!

이런 이기심 어린 기도라도 씨불이고 있는 나를 인정하고 싶다. 아프면 아픔 그대로 말이다.

"사람이 먹고 마시며 수고하는 가운데서 심령으로 낙을 누리게 하는 것보다 나은 것이 없나니 내가 이것도 본즉 하나님 손에서 나는 것이로다(전도서 2:24)."

지금 나의 최고 아픔은 내가 나를 사랑하지 못하는 것이다.

이놈의 변덕은

밤새 잠을 설친 탓으로 눈꺼풀이 무겁다.

"엄마, 나 열한 시 사십 분 비행기야! 밥 잘 먹고 잘 지내? 엄마, 사랑해!"

지금 하늘을 날고 있을 딸아이 생각을 하니 마음이 참 그렇다. 서울에 있을 때완 또 다른 마음이 밤새 잠을 설치게 했다.

지난달 11일에 입국한 뒤 사나흘 얼굴 보고 올라가 그냥 가 버린 딸아이와 제대로 밥 한 끼 같이 먹지도 못했다.

딸아이가 고등학교 졸업 이후 내내 외국에만 있었던 탓에 3년에 한 번 얼굴 보면 만족할 때도 있었고, 집에 오면 금방 또 가 버리는 데 안 보면 아무것도 손에 잡히지 않을 만치 허전한 우리의 관계가 어설프기 짝이 없다.

같이 살라면 절대 살 수 없을 것 같으면서도, 같은 공간에서 하루만 지내도 못 견뎌 하는 우리의 관계는 참으로 허허롭다.

다시 만나면 서로 비벼 대고, 전화 수화기만 붙잡아도 애틋해지는 사이인데도….

딸아이는 언제나 나를 웃기는 데 한몫하곤 한다.

내가 지쳐 있을 때 활력소가 돼 주는 딸아이, 단 한 번도 지겨워하는 내색 없이 내 모든 걸 파악해 주는 그 애의 속 깊은 정을 알기에 같이 있을 때는 그냥 외면해 버리면서 떨어지면 못 견뎌 하는 이 변덕은 도대체 뭐란 말인가?

어제부터 내내 견디기 힘든 그 무엇이 나를 담금질해 견딜 수가 없었다.

"뚱땡이! 밥 잘 챙겨 먹고, 내가 돈 보내 줄 테니 맛있는 거 사 먹고 그래. 휴가 때 잽싸게 달려올게. 사랑해!"

딸아이는 나와는 전혀 다르게 언제나 여유롭다. 그리고 내가 못 견뎌 할 만치 느긋하고 긍정적이다. 때론 내가 딸아이에게 라이벌 의식을 느끼는 거 아닌가 할 정도로 질투도 난다. 그리고 보이지 않을 때 그리워한 것과는 전혀 다르게 괜히 시비가 걸고 싶어져 트집을 잡곤 한다. 그래도 딸아이는 별다른 반응을 보이지 않아 난 더 발광을 하는 편이다.

정말이지 이놈의 변덕은 시도 때도 없이 나를 궁지로 몰아넣는다. 벌써 그 애가 보고 싶고 그런다.

무사히 잘 도착하라고 내내 기도해 본다. 이승에서 가장 사랑하는 딸! 가장 힘든 악조건 속에서도 나를 살아남을 수 있게, 견딜 수 있는 힘을 지닐 수 있도록 지켜 준 딸! 내가 많이 아파하고 말도 안 되는 변덕을 부려도 묵묵히 지켜봐 줄 것 같은 딸아이가 좀 더 자유롭고 지혜롭게 이 땅에 사는 동안 내내 행복하기를 생명을 주신 이에게 이 시간 간절히 기도드린다. 아멘.

오늘도 사랑하는 모든 이들이여 행복하여라!

오늘은 내일의 어제

어제 자제력 부족으로 난 거의 실신 직전까지 갔었다.

내 삶 속에서는 늘 어제의 나는 오늘과 전혀 다른 '에이 씨'의 연속이다.

어제 나는 깨끗한 내 차에 송곳으로 두 줄이나 길게 그어 놓은 그 누구한테 머리끝까지 화가 치밀어 운전을 하면서도 일상 속에서도 계속 꼴불견처럼 중얼대고 다녔지 싶다.

성격 탓이기도 하지만 내 차에 흠집이 있으면 괜히 내 자존심에 함께 상처가 난 듯한 기분이 들어 영 개운치가 않다. 도색하기에는 영 어정쩡하고 그냥 다니기엔 좀 쪽팔리고….

자주 이러는 통에 난 자동차 보험료를 엄청 많이 낸다.

누가 내 차에만 원한을 품고 있는지 참으로 약 오르고 이해할 수 없다. 그래서 이틀 동안 내내 화를 삭이다 오늘 아침 출근길에 그냥 날려 버렸다.

이렇듯 가슴이 먹먹하고 어디로든 무작정 떠나고 싶은데 그깟 차에 흠집이 생겼기로서니 뭐가 어쨌단 말인가?

오늘 아침에 점장이 사무실에 들어오더니 날 보고 소리쳤다.

"김우연 씨! 어제 권 부장님이 아파트 화재보험 하나 김우연 씨한테 끊어 주고 갔어요!"

"예?!"

난 말을 잃고 말았다. 어쩌다 가끔 식사나 같이하는 그가!

15년 전 내가 처음 입사할 때 소장이었는데, 그 뒤로도 두 번인가 소장을 연임했던 분이다.

나랑 연배도 비슷했는데, 나 때문에 자신이 소장이었을 때 참 좋았다고 해 내가 물은 적이 있다.

"부장님, 지금도 이상하고 궁금해요! 왜 그토록 내 입사를 마지막까지 반대했어요?"

"누가 그렇게 잘할 줄 알았나!"

난 15년이 넘었어도 내근직들에게 보험을 권하지 않는다. 다른 직원들이 거의 모두 약삭빠르게 움직이고 있고, 또 그들과 보이지 않는 경쟁심 같은 것이 느껴져 나는 빠지고 싶은 것이다. 뭐라고 딱 꼬집어 말하기엔 좀 그렇다.

어디 좀 어색한 자리에 가면 괜히 생뚱맞게,

"돈 많은 부자거나 거금 투자할 사람 있으면 소개 좀 시켜 주라. 내가 굶어 죽으면 당신들 양심의 가책 좀 받을걸! 그러니 알아서들 해! 난 돈 벌면 절대 혼자 안 먹는다니까?"

이런 농담으로 분위기를 좀 썰렁하게는 해도.

암튼 오늘 아침은 기분이 영 찜찜하다.

그렇잖아도 요즘 내 상태는 영 정상이 아니다. 매 순간 변덕이 죽 끓고 가슴이 답답해 견딜 수가 없다.

내가 혼신을 다해 55년을 노력하고 또 노력해도 아직도 오리무중인 그 무엇들이 나의 숨통을 조여 오고 있는데 난 도대체 어찌하면 좋을지!

난 오늘 무작정 장거리여행을 떠날 것이다. 아무 곳에서나 잠시잠시 쉬면서 1박2일을 꼬박 운전하며 싸돌아다니다 올 것이다.

그럼 좀 나아지려나?

울고 싶다. 너무 답답해서 질식해 버릴 것 같은 두려운 이 맘은 또 뭐란 말인가?

내일은 또 어처구니없이 서러운 오늘이 그냥 지나고 만 어제로 떡 버티고 서서 정신없던 오늘을 후회하고 있으려나?

언제나 서툰 이별

얼마 만에 빠져 본 휴식이었던가?

경기전에 가서 수많은 인파를 질리도록 바라보고, 덕진공원의 호수를 한동안 바라보다 딸아이가 오리 배를 타자는 걸 극구 사양하고 그 애 부부만 한 바퀴 돌다 오라고 한 뒤 난 차 안에서 지나는 행인과 소풍 나온 식구들을 구경하고 다시 금산사로 향했다.

사위한테 평소 내가 울적할 때 한 바퀴 휘익 돌던 코스로 가자고 하고는 주차공간이 없다고 막아서는 주차관리인에게 사정해서 들꽃이 지천으로 핀 산책로를 내려오는데 경내에 상사화가 군데군데 피어 있었다. 순간 숨이 멎을 듯한 그 어떤 그리움에 목울대를 주억거려야만 했다.

돌아 나오며 저녁을 해결하려 사고 나기 전 자주 가던 식당에 들러 삼겹살에 소면을 먹고 사위가 따라 주는 막걸리 한 잔을 억지로 참아내고 돌아와서는 내내 끙끙댔다.

진종일 차 안에만 앉아 있어야 했던 피로가 한꺼번에 몰리는 통에 비몽사몽 헤매고 있는데 딸아이가 간다고 나섰다.

내일 아침에 출발하면 더 밀릴 것 같다고 간단다.

이것저것 챙기는 딸아이를 보고 곁에서 사위가 뭘 그런 걸 가져가느냐고 하자, 딸아이는 엄마가 안 쓰는 거니까 가져간다고 했다.

"우리 딸은 절대 이런 거 가져간다고 안 할 줄 알았는데!"

난 한마디 하고 웃었다.

도착하면 전화하라고 했더니 늦을 텐데 하기에 괜찮아 하고는 씨익 웃어 보였다.

"엄마, 언제 우리 집에 와야지?"

"그래. 실습이 끝나면 생각해 보자."

결혼 전의 딸아이는 헤어질 때면 얼굴에 뽀뽀를 했었는데, 오늘은 손등을 내밀던 그 애를 보내 놓고 히죽히죽 웃어 본다.

모처럼 방 안이 그득했는데 폭풍이 지나간 듯한 흔적을 물끄러미 바라보다 이별이란 단어를 뇌까려 본다.

난 늘 이별에 서툴다.

이따금씩 난 누구한테든 투정부리듯 이렇게 말한다.

"난 이별에 많이 서툴거든? 그러니 미리 말해 줘! 알았지?"

난 이별에 너무 서툴러 오래오래 가슴앓이를 하느라 세월을 마구잡이로 삼키며 산다.

내게 있어서 이별은 아프고 또 다른 아픔과 생채기를 동시에 얹어버리는 통에 이별이 더욱 어설프고 서러운 것이다.

힘을 얻고 싶다

간밤 자정이 넘어서 온 딸아이가 2시 다 되어서야 잠시 눈을 붙이고는 4시에 일어났다. 첫차를 태우기 위해 고속터미널에 도착하니 5시 10분.

"우리 엄마, 기약이 없네…."

딸아이가 날 감싸 안으며 하는 말에 가슴이 철렁 내려앉는 듯한 마음을 감추고 짧은 이별을 뒤로한 채 사무실에 도착하니 5시 20분!

온종일 가슴이 저려 왔다. 전신에 맥이 빠지고 쓰러질 듯한 기분에 싸여 사무실에 있을 수가 없어 잠시 거리를 배회하다 집으로 와서 지금껏 비몽사몽이었다.

원인 모를 아픔이 나를 절절매게 했다. 회사일도 안 되니 더 힘이 없나 보다.

직원이 했던 말이 생각난다.

"계약이 있으면 아프다가도 힘이 번쩍 나거덩…."

실적이 곧 인격이라던 어느 지점장의 취임사가 함께 생각난다.

이젠 정신을 추슬러야 될 것 같다. 딸아이가 리비아에 가 있을 동안 내가 견뎌야 하는 이유가 생긴 듯 자꾸 고개를 갸웃하며 힘을 얻고 싶다는 간절함이 꿈틀한다.

딸아이한테 기대지 않는다고 완강히 부인하고 있었는데 그게 아니었나 보다.

그저 막막하다던 딸아이 말이 곧 내 말인 듯 가슴이 허전하다.

"엄마, 스무 시간이나 비행기를 타야 하거든. 지겨워…."
하던 말이 뇌리를 떠나지 않는다.

쓸쓸하지 않으려면 어디든 기웃거려야 될 것 같다. 아니면 일 속에 빠져야 한다.

새로운 기분으로 다시 시작하는 마음으로 살아야 될 것 같다.

힘을 얻고 싶은데 이 순간 온몸의 세포가 반란을 일으킨 듯 마디마디가 아프다.

견디자. 그리고 살아남아야 되는 절실함으로 숨을 쉬자.

"모든 것을 위해 새로움으로 다가서게 하소서."

편안함과 자유를 함께 얻고 싶다.

딸아, 이승에서 너를 가장 사랑한다.
언제 어디서든 경외하는 그분께서 널 지키시리라.
언제나 당당하고 지혜롭기를 간절히 염원한다.
주께서도 그리 하실 것을 믿는다.

바쁘다, 바빠!

바쁘다 바빠! 오늘 내가 뭐 하고 지냈지?

정말 오랜만에 나를 보러 왔다. 아니, 정확히 말하면 오늘이 아니고 어제가 나를 여기다 놓고 간 기분이다.

매일 하루가 시작되면 운동하면서 오전 반나절을 거의 다 보내고 도우미가 오면 차 한 잔, 그리고 아점을 먹고 도우미가 돌아간 후에 모자란 밤잠 조금이나마 보충하고 싶어 잠을 청해 보다가 그만 포기하고 만다. 꼭 그 시간에 전화가 온다!

예민한 탓인지 낮이고 밤이고 잠이 들려면 최하 30여 분을 뒤채야 하는데 계속 오지 않던 전화가 막 잠들려 할 때 걸려온다.

아주 때맞춰 전화를 거는 이한테 짜증도 부려 보지만, 그것은 내가 감당해야 될 몫이기 때문에 그냥 지나쳐 버린다.

요즘 들어 많이 어수선하고 우울하고 그런 나를 보면서 많이 놀란다. 결혼을 않고 나랑 산다던 딸아이 말을 믿었던 것일까?

그 애가 지금껏 10년 이상을 외국에서 공부하고 근무하고 그랬을

때도 이렇듯 허전하거나 그립다거나, 아니면 어떤 증후군을 겪지 않았었는데 요즘의 나는 그냥 허둥지둥이다!

딸아이한테 늘 입버릇처럼,

"난 절대로 너하고 같이 살지 않을 거다!"

그렇게 말했던 내가 막상 그 애가 결혼을 한다니 심경에 변화가 생긴 것인지!

오늘 낮에 아이한테 실어 보낼 짐들을 정리해 놓고, 다음엔 무엇을 할까 망설이다 밀린 강의 3시간 듣고, 점심 겸 저녁 좀 먹고 이런저런 전화 몇 통 받았다.

그리고 티비 연속극 시청하고 꽃, 나무들과 몇 마디 대화를 하고 나니 바쁜 내 하루는 그냥 멀리 달아나 버리고 말았다.

지금은 그 어딘가를 바라보고 있는 막연함으로 너무 오랫동안 들여다보지 않았던 이곳에 잠시잠깐 피신이라도 할 심산으로 놀러 왔다.

나도 이젠 늙나 보다.

그 애는 지금 어디쯤에서 어찌 살

고 있을까?

예전 생각이 나고 어릴 때 친구가 참으로 궁금하다. 딱히 보고 싶거나 사무치게 그리운 것은 아니지만….

난 왜 이다지도 매일 그 밥에 그 나물인 채로 바쁘고 허우적대고 허정거리며 사는 것일까?

갑작스런 사고로 병실에 누워 있을 때 딸아이와 나눈 대화—.

"내 평생 이렇게 편하게 쉬어 본 기억이 없어, 딸아!"

"참, 엄마도! 아파 누워 있으면서 별걸 다 자위하고 그러셔!"

그래도 요즘의 나는 참으로 한가한 베짱이 같다. 잠도 5, 6시까지 자고 말이다.

내가 지금 다니는 회사에 정상으로 출근한다면 정확히 아침 5시 반에 사무실 도착!

이 얼마나 우스꽝스런 삶이였나 싶다.

완전히 정신병자처럼 허우적대며 마냥 바쁘다는 헛소리를 지껄이며 살아 낸 내 삶이!

요즘처럼 한가롭게 사는 날에도 내 잇새를 뚫고 나오는 말은 '바쁘다 바빠'이다. 뭐가 그리 바쁜지!

돼지도 너무 바빠 죽을 때 눈 감고 죽는 걸 까먹었을까?

내 삶이를 전부 통틀어도 그저 여유롭게 한가했던 기억이 저 너머 어디에도 없어 아슴아슴 가슴이 아파 온다.

좀 더 한가롭게 유유자적한 내 삶이를 만들고 싶구나!

아무것도 남아 있지 않다

참으로 덥다.

더위를 먹었는지 입맛도 없고, 만사가 귀찮다. 어제도 온종일 굶다가 밤이 되어서야 배가 고파 몇 술 뜨고는 밤새 배가 아팠다.

아, 이 여름은 언제 끝이 날는지!

작년에만 해도 집에 들어가면 선풍기를 틀지 않고 살았다. 한데 올해는 싫어하는 선풍기 곁에 들러붙다시피 앉아서는 딸싹도 하기 싫은 그런 나날을 보내고 있다.

아! 배가 고프니 뭐라도 해 먹을까? 생각뿐이다. 그냥 배고프고 말지, 움직이기 싫어! 이런 식이다.

어제는 딸아이와 통화를 하다 한바탕 웃었다.

"엄마! 더워 죽겠어!"

"너도 더울 때가 있어? 에어컨 틀어!"

"전기세 아까워서 그냥 조그만 선풍기로 견뎌, ㅋㅋㅋ."

집에 내려오면 춥다고 문을 처닫고 장판에 불을 넣어 날 못 견디게 하던 딸아이 입에서 덥다는 말이 나오니 좀 의외였다.

"어이, 갈비씨도 더운 걸 알아? 이 뚱띠가 얼마나 더울지 감이나 오니? 올 여름 죽을 맛이다."

"뚱씨, 그러니까 움직이지 말고 가만히 앉아 쉬면 되잖여!"

시답잖은 통화를 하며 한참 웃었다.

우리는 늘 언저리에서만 빙빙 돌다 정작 해야 될 말은 한마디도 못한 채 어물거린다. 언제부터인지는 잘 기억나지 않지만 서로에게 너무 많은 것을 바라고 있어서인지, 아니면 서로 너무 많이 알기에 깊은 배려에서 빚어진 결과인지 잘 모르겠다.

시간이 흐를수록 갈증은 더 깊어지고 서로 다른 평행선을 바라보면서 점점 멀어지는 이 느낌과 목마름은 도대체 무엇인지!

"우리 얘기 좀 할까, 딸?"

"뭔데? 해! 우리 사이에 특별히 시간 잡아 해야 될 대화가 있어?"

"이 엄마, 할 얘기가 얼마나 많은 줄 알아?"

볼멘소리로 질러 놓고는 입을 꾹 다문다. 내가 아예 백기를 드는 것 같아 늘 불만이고 목이 마르다.

무덤덤하게 지나쳐 버리는 듯한 우리 일상은 시간이 흐르면 흐를수록 심한 갈증을 어찌하지 못해 절절매는 내가 싫다. 그래서 더 많은 짜증이 나고 더 더운지도 모른다.

"딸! 언제 올래?"

"올라온 지 며칠이나 됐다고!"

난 2주간이 지났으니 내려온다고 말할 줄 알았는데!

건성건성 말하는 딸애의 태도에 더 많은 섭섭함이 뭉개고 있음을 그 애는 알까?

옛말에 우는 아이 젖 한 번 더 준다고 했는데, 내가 너무 많은 것을 접고 산 것은 아닐까 싶다.

어릴 때부터 모든 걸 저 알아서 하도록 내버려두고 믿어 준 대가치고는 참으로 황당하고 멍 때리는 일이 아닐 수 없다.

"그래, 네가 알아서 해. 엄마는 딸 믿어!"

이렇게 지낸 우리 사이가 커다란 벽으로 막아서게 될 줄 어찌 상상이나 했을까?

엄마를 배려해 주길 바라는 것은 내 욕심일까?

나를 아는 사람들은 한결같이 딸아이를 두고 요즘 세상에 그 애처럼 자기 일 자기가 똑 부러지게 잘하고 착한 애가 어디 있느냐고 말한다. 난 자지러지게 악 하고 괴성이 나올 것 같은데!

내가 딸아이를 비벼 댈 언덕이나 뜨거운 태양빛을 가려 줄 그 무엇, 아니면 내 하늘쯤으로 기대하고 있는 탓은 아닐까? 어느 순간부터 그 애와 나 사이에 단절된 그 무엇, 보이지 않는 커다란 앙금 같은 게 차곡차곡 쌓여 가고 있음을 느낀다.

올 여름 유난스레 더운 탓도 그 애와의 팽팽하게 당겨진 어떤 끈 때문은 아닐는지!

내 몸속에 어떤 자제력도 기쁨도 희망도 남아 있지 않다는 이 처절한 절망감은 뭘까.

지금껏 한순간도 내 꿈을 위해 시선을 돌리지 않고 살아왔는데, 처절한 이 패배감은 한순간도 나를 내버려두지 않는다. 너무 자만한 탓인지도 모른다.

보상심리? 내가 제일 유치하게 생각하고, 상상도 하기 싫은 보상심리가 내 가슴속에서 꿈틀거린다고?

말도 안 돼!

그냥 이대로 살기로

내 짐은 내가 지고 가기로 맘먹었다.

어버이날이라고 딸아이가 소포를 보내왔다. 아주 큰 박스에 이것저것….

어쩌면 내가 잠시나마 딸아이한테 기대고 싶었는지도 모른다. 그게 얼마나 어리석은 생각이었는지 깨닫는 순간 판단은 그리 오래가지 않았다.

"엄마! 내가 여기저기 알아봤는데, 엄마가 파산선고를 받고 나한테 와서 살면 어때? 갚아도 갚아도 끝이 보이지 않는 빚 때문에 우리 둘 다 지쳐 버리면 어떻게 해! 내가 매달 생활비 줄 테니까 그렇게 해."

순간 격한 숨이 쉬어졌지만 깊이 몰아쉬었다.

"조금 더 생각해 보자! 지금은 죽어도 그리 못할 것 같다. 지금까지 5억을 넘게 갚았는데, 그리고 조금 남았는데 여기서 파산선고를 해? 그리고 또!"

"기왕 할 거면 더 힘이 빠지기 전에 하는 게 나을 것 아냐?"

"그래그래, 조금만 더!"

"아냐, 이런 거였어? 겨우 짱구 돌린 게?"

짐스러웠다.

그 착한 것이 매일 밤 얼마나 고민을 했을까?

내가 짐스러웠을 것이다.

지금도 고막을 째고 윙윙 들리는 소리!

"엄마! 내가 그렇게 돈을 많이 썼어?"

"7년 4개월 동안 외국에서 공부했는데 그럼! 무일푼인 내가 그럼 어찌했겠니?"

그래, 내가 조금 더 피나게 노력해 봐야겠다.

하다하다 안 되면 그때 가서 턴하든 뭘 하든 결정하면 될 일이다.

아직은 아니!

더 정확히 말해 죽어도 아닌 것은 아닌 것이다.

내가 어떻게 그래?

그리고 한 번씩 내려와 하룻밤 같이 지내는 것도 어지러운데 내가 딸아이랑 같이 산다고?

그것도 그 애한테 얹혀서?

말도 안 된다. 아니, 죽어도 그리 할 수는 없다. 내가 내 영혼을 파는 일이 있을지언정 그건 아니지 싶다.

내가 쓸 것은 내가 번다. 그리고 자유롭게, 당당하게 번 만큼만 쓰기로 맘먹는다.

지금까지의 소비패턴을 바꾸고 많은 것을 위해 모든 것을 제자리에 돌려놓으려면 이보다 열 배는 더 노력하고 피나는 노력이 필요할 것이다.

비록 나를 바라보고 사는 얼굴은 한 번도 본 적은 없지만 수많은 눈동자들! 그리고 좀 더 시야를 넓혀서 더 먼 곳까지 바라볼 수 있는 그런 넓은 가슴의 소유자가 되려면 내 육신으로 더더욱 피나는 노력과 인내심이 필요할 것이다.

할 것이다. 내가 누구냐?

난 나다. 세기의 자유인 김우연이다.

정의롭고 자유롭고 공의롭게, 그리고 지혜로운 내 삶을 위해 한순간도 내 목표와 꿈을 위해 시선을 흩뜨리지 말아야 한다.

나에게 생명과 소명을 주신 그분을 위하여!

이대로 이렇게 웃으며 살고 싶다. 아자!

품 안의 자식

지난주 수요일에 딸아이가 리비아에서 귀국했다.

우린 마치 바벨탑 안에 갇혀 있는 사람처럼 의사소통이 전혀 안 된 상태에서 난 서둘러 집에 가 밥을 짓고 반찬도 만들고 그럭저럭 저녁이 돼 전활 걸었다. 인천공항에 도착했다는 전화를 받은 후 서둘렀으니 얼추 도착했겠지 하는 마음으로.

"딸, 몇 시쯤 도착해?"

"엄마, 나 도착했어!"

"그럼 집 앞이야?"

"뚱씨, 여기 서울 집이야."

이런 동문서답이 어디 있을까?

딸아이는 귀국 후 며칠 쉬고 내려오겠다고 했는데, 난 속없이 공항에서 곧바로 온다는 줄 알고….

그냥 내색 않는 게 내 특기인데 좀 어이가 없었다. 경비 좀 아낀다고 여기저기 경위해서 오느라 비행기를 많이 탄 것을 알면서도 기다린 나의 미련스러움도 웃겼고.

딸아이는 어릴 때부터 나 대신 모든 것을 해결하고 다니다 보니 혼자 결정하고 통보하는 식으로 하는 통에 가끔씩 황당할 때가 있다. 난 그래도 아무런 대꾸도 못하고 그저, '엄마는 딸 믿어!' 이런 식으로 일관하다가 한 번씩 부딪치면 격렬하다.

의대 3년 다니다 전과했을 때의 막막함! 그런데 지금 와서는 전과하길 참 잘했다고 생각한다. 날 닮아 역마살이 있는지 세계 각국을 이웃집 돌듯 돌아다니는 그 애 성격으로 건축 일은 제격인 듯싶다가도, 우산장사와 짚신장사 두 아들을 가진 어미의 심정으로 곧잘 기우에 빠지곤 한다.

"엄마, 수욜이나 목욜에 짐 갖고 내려갈게! 나, 17일에 1년으로 리비아 또 간다! ㅋㅋㅋ 내려가서 자세한 얘기할게. 뚱씨, 사랑혀!"

전화할 때마다 더워 죽는다고 하더니만 왜 또 1년을?

외국어 잘한다고 좋아했더니, 모든 시간을 외국으로만 돌아다녀 '품 안의 자식'이라는 말이 실감날 정도로 일 년이면 겨우 한두 번 얼굴 보면 그뿐이니 그저 헛헛할 뿐이다.

워낙이 성격이 좋아 곁에 있으면 날 즐겁게 해 주기 위해 노력하는 딸이다. 우울한 성격으로 자랄까 봐 염려했는데 자신의 아픔을 전혀 내색하지 않는 딸아이를 보면 채무감에 가슴이 너무 저리다.

가끔은, 아니 자주 딸아이 입에서 '계모' 소리가 나올 만치 모른 체 외면할 때가 더 많았다. 그래서 혼신의 노력으로 그 애한테 날개를 달아 줬는데 그 애는 이미 내 사정거리 밖으로 나간 듯 가슴이 자주 헛헛하다.

간밤의 꿈이

내게도 도움의 손길이?

키드득 웃어 본다. 넋 나간 소리인 것을 금세 깨닫고 스스로에게 쪽 팔려 한다. 간밤 꿈이 내 머릿속을 헤집기에 충분하다.

"참 내가 헛살았어. 나이가 쉰여섯이나 먹도록 멘토 하나 없고, 내 가슴 열어 보여 줄 사람도 없고. 그리고 비빌 언덕 하나 없다는 게 말이나 돼? 난 지들이 원할 때 삼백이든 오백이든 조건 없이 다 내주고 내 주머니가 비었을 때 여기저기 기웃거려 봤자 단돈 얼마도 구할 수 없다는 게 있을 수 있는 일이야? 난 무슨 일이 있어도 내 주머니에 꿍쳐 놓은 돈을 쓰고 살지 못했어! 그래서 이토록 난감한 일에 처해 있는 게 당연한 거야? 정말이지 내가 잘못 산 거야?"

이 얼마나 난해하고 부끄러운 발상이냐 말이다.

힘들다고 애먼 생각을 하면 안 되지 않는가. 세상에 공짜 없다는 철칙을 갖고 사는 사람이 갖고 있어야 될 사고방식은 아니지 않는가 말이다.

갑자기 선친의 말이 생각난다.

"절대로 내 손에서 떠난 것에 대해서는 미련 갖지 말고, 누구에게 준 것을 받을 생각도 하지 마라. 혹여 주고자 하는 사람이 생기거든 이렇게 말해 줘라! '나에게 갚고 싶거든 그것을 네 시선이 멈춘 이웃에게 주면 그것이 곧 내게 갚은 것이다.'라고. 그래야 자신의 삶이가 자유로울 것이다."

난 내 선친께서 참으로 올곧고 성실하게 사신 것을 인정한다. 그리고 내가 살면서 지침으로 삼고 사는 게 많다는 걸 자주 느낀다.

내게는 비록 차갑고 엄격하셨어도 난 살면서 그분의 사는 방법을 자주 섭렵하고 지금도 간직하고 지키면서 살고 있다. 그래서 자주 그리워한다. 그리고 꿈에라도 나타나면 그다음 날 하루는 기대와 설렘으로 충만한 그런 하루를 보내곤 한다.

가끔씩은 내가 어리석고 미련할 수도 있겠거니 비웃을 수도 있겠지만 그래도 선친이 홀연히 떠나신 후로 이승에서 가장 그리운 얼굴이 죽은 자임을 절감하며 살아 내는 나의 삶이! 그래서 그리움이 목까지 차오르고 창자가 끊어질 듯 긁어 대는 통증에 시달릴 때도 내 통증의 농도는 절대로 옅어지지 않아 곤혹스러워한다.

세상에 내 맘 같은 사람이 어딨어? 세상에 나처럼 이타주의인 사람 있으면 어디 한번 나와 보라고 해!

이런 유치한 발상에 발작을 일으키는 일은 이제 없었으면….

지나간 것에 대한 미련은 날아가는 까치에게나 줘 버리자. 그래서 얼마 전 내가 태워 버린 그 많은 돈 거래장(못 받은 돈). 그 정도면 아파트 한 채는 샀겠다!

앞으로 바람에 날려 버린 어제는 기억도 하지 않으리라.

너무 빠르고 쉽게

내게 혹 트라우마(외상성신경증)가 있는 걸까?

매사가 슬픔이나 우울함으로 이어지고 있고, 내가 주인이 아니라 일이 나를 압도적으로 지배하고 있다는 느낌을 부인할 수가 없다.

오늘 새벽 출근 준비를 하다 탁자 위의 다육이 하나가 거의 죽은 모습으로 있는 것을 발견했다.

몇 년을 애지중지 키운 것인데, 꽃은 또 얼마나 예쁜데! 눈곱만 하고 노랗게 피었다가 수줍게 져 버리는 통에 내 애간장을 녹이는 그 애가 며칠 전부터 시들해 제발 죽지 말고 살아 주라고 애원하듯 타일렀건만!

게으른 사람만이 키울 수 있다는 다육이! 난 그 애들을 애지중지 키웠는데 얼마 전 새터민이 놀러 와 날 생각해서 물을 몽땅 줬다. 덕분에 다육이 몇 놈이 깡그리 운명을 달리했다. 내가 몇 년 동안 정성을 쏟았는데 그만!

그렇다, 요즘 나를 보면서 그런 생각을 자주 한다. 쉽고 빠르고 더 빠르게를 앞 다투어 자행하고들 있다.

나 역시도 운전대를 잡으면 좀 더 빠른 길로 가고 싶어 앞에서 누가 얼쩡거리면 신경이 곤두선다.

매번 바쁘게 빨리 달려오라 하면 달려가야 되는 개줄 달고 사는 인생? 그래서 가능하면 스케줄대로 움직이려 노력하고 있지만 성질 급한 고객들은 언제나 우물에서 숭늉을 찾고 있어 빠르게 움직일 수밖에 없다고 자위해 본다.

어제도 진종일 시간의 노예가 되는 바람에 아침, 점심, 저녁 겸 오후 3시가 넘어서야 찬물에 밥 말아 먹는데 얼마나 맛이 있던지! 그런 후 웬걸, 두어 시간 동안 속이 거북하고 갈증이 나 혼났다.

난 누구인가?

누구를 위해서 매 순간 곡예 하듯 절절매고 있는지 모르겠다. 입으로는 가슴으로 산다고 하면서….

새벽에 눈을 뜨는 순간 오늘은 누구누구에게 안부전화를 해서 그리운 목소리도 듣고 수다도 좀 떨어 봐야지 했다가도 하루를 시작하며 사무실에 도착하는 순간부터 뭐에 그리도 쫓기는지 화장실에 가는 시간마저 절약할 때가 많다.

이거 원! 내가 주인인지 일이 주인인지 구분하기 힘들 만치 내 모든 것을 지배해 버리는 이 살이가 정말 진절머리 날 때도 있다.

수요일이면 벌써 한 주가 다 지나가고 있다.

그렇다. 시간은 마치 쏜 화살보다 더 재빠르고 아프게 지나고 만다. 이런 탓에 난 언제나 트라우마에 시달리곤 한다.

어제 오후에도 딸아이가 전화로,

"엄마 뭐 해?"

하면서 살갑게 접근해 왔지만,

"나 지금 넘 피곤해 죽을 것 같아!"

하고는 서둘러 끊었다. 그러고는 딸아이한테 너무 미안해 다시 전화를 걸까 하다가 그만뒀다.

이런저런 이유로 나와 딸아이 사이에 벽이 생기는 것을 느끼면서도 어떻게 그렇듯 스스로 단절시키고 있는지!

여기에서 조금만 더 천천히, 그리고 전후좌우를 살피며 느긋하고 싶다.

그리고 이 좋은 계절에 가슴을 활짝 열고 조금 더 사랑하고 싶다.

너무 빠르고 쉽게 스쳐 지나고 마는 그런 삶에서 탈피하고 싶어 더 많은 사랑을 축적하리라.

힘내자, 힘!

오늘의 분량

모든 게 뒤죽박죽이다.

아무것도 할 수 없고 집중할 수 없다는 게 이렇듯 나를 못 견디게 할 줄은 몰랐다.

미친 짓이야! 하면서 몇 날 동안 씨불이고 또 씨불였다. 미친 짓에라도 정신을 꽂아 버릴 수만 있다면 이 순간 나의 강렬한 열망이라도 전부 다 내어주고 싶을 만치 지금의 내가 싫고 내게 보이는 모든 게 싫은 것이다. 그리고 사람이 무섭고 모두가 무서운 나날들 속에서 무엇 하나 거머쥘 인내심도 이미 바닥이 난 상태가 오래된 듯하다.

이래서는 안 되는데! 하면서 내가 이러고 있는 것이다.

그저 그러려니 하면서 내 모든 것을 걸고 이러고저러고 살아 낸 나날들이 내게 다시 올 수 있을까?

내가 어느 순간부터 이리 돼 버린 상태에서 지금 어느 곳에 시선을 집중하고 있는지 마구 떨리고 심장이 거부권을 행사하고 있는 것이다. 내가 살면서 제일 싫어하고 경멸했던 게 닥친 모든 것 앞에서 미리 간을 본다고나 할까?

그런 부류를 제일 싫어했는데 내가 지금 싫은 것에 대한 간을 보고 있는 것 같아 그냥 미칠 것 같은 시간 속에 난 갇혀 있는 것이다.

이대로 얼마나 더 견딜 수 있을지는 몰라도 내내 나는 심장 박동소리에만 귀를 기울이고 있는 것 같아 싫은 것이다.

시간 속을 배회하면서 이런저런 상황들을 억지스레 끌어다 놓고선 나를 보고자 애를 써 본다.

우울해하지 말자고 수차례 뇌까리면서도 우울해하고 있는 나! 아파서 죽을 것 같다.

하고픈 말이 너무 많아서일까? 잇새를 빠져나가는 수많은 말들이 단 한마디도 언어가 되지 않는다. 숨이 턱까지 탁탁거리며 막혀 오는데도 그 누구에게든 아무런 말도 할 수가 없는 것이다.

누구에게도 도움을 청해 본 적 없이 스스로 해결하면서 살아 낸 내 살이 때문인지 답답하고 또 답답해도 누구든 붙잡고 토로해야 할 단어가 허공과 목줄을 타고 맴돌 뿐 아무런 대책도 언어도 떠오르지 않는 요즘의 내 살이가 두렵고 너무 버거워 어디로든 도망치고 싶다.

수술한 안면부가 온 지구를 올려놓은 것처럼 오늘 하루 종일 무겁게 짓누르고 있다.

베란다에 놀러 온 햇살도 한편으로 비껴서는 걸 보니 오늘 하루의 이별연습에 들어갈 모양이다. 그 햇살을 보면서 나 혼자 피시식 웃어본다.

"난 말이야, 내가 아무리 오는 사람 안 막고 가는 사람 안 잡는 그런 살이를 살지라도 이별연습을 해야 돼. 그니까 친구야, 네가 가고 싶으면 언제든지 좋으니 꼭 미리 말해 줘야 한다. 꼭이다!"

이별에 익숙하지 못해서 난 너무 오랫동안 아파하고 또 아파하는 숙명 같은 게 내 곁에서 떠날 줄을 몰라 난 세상에서 젤 두려운 게 그놈의 이별인 것 같다.

그렇듯 신신당부했었던 친구들이 아무런 예고 없이 떠난 후로 아무런 연락이 없는 그 아픔!

이승에서 숨 쉬고 살아만 있다면 어느 하늘이라도 구석구석 헤매며 찾아 낼 수 있으련만!

그래 좋다, 아무러면 어쩌랴!

작은 것 하나에라도 집중만 할 수 있다면 지금 이 순간 나는 내 혼이라도 떼어 주고 그리 하고 싶구나!

참 고되다. 요즘은 나도 모르게 이 말이 습관처럼 튀어나온다.

새벽에 눈을 뜨려면 다른 때보다 열 배는 더 뭉개고 싶고 주저앉고 싶을 만치 버거운 나날의 연속이다.

나를 걱정해 주는 사람들의 얘기를 아프게 끌어안으며 그래도 아직은 포기하기는 너무 억울해, 아니 정확히 말해선 내가 움켜쥐고 있는 끈을 놓아 버리는 그런 기분이 들어 나름 결정한 일이 있다.

조금 더, 그리고 마지막까지 노력에 노력을 해 보고 그런 다음에도 포기하고 싶으면 그때 가서 해야지!

그 대가로 난 요즘 더 많이 바쁘고 지치게 살아가고 있다.

저녁에 현관문을 열고 아무도 없는 집 안으로 들어서는 순간 나의 영육이 와르르 무너지는 듯한 기분을 억지로 털어내려고 기를 쓰고, 씻고 나서 바보상자에 눈길을 주고 졸다 말다 비몽사몽하다 보면 금세 새벽 1시가 넘어 버린다.

그런 후에 뒤척이다 보면 새벽 자명종이 울리고, 다시 기를 쓰고 일어나고 그렇게 어정쩡하게 하루를 시작하고 끝내고 사는데, 시간은 너무 재빠르게 벌써 5월이 쉬 지나고 있다.

매번 매달 그랬지만 5월은 더 많이 분주하다. 임대아파트 인상분 해결하고 서류 준비하고 갱신하고, 아파트 담보대출 받은 거 상환 연장하는 데 도장을 무려 19번이나 찍었다.

성격이 까다로운 나도 무슨무슨 동의서에 관한 것에 대해선 일체 무관심이다. 다시 읽어 보지도 꼼꼼하게 따져 보지도 않고 무조건 서명하고 도장이든 뭐든 찍어 준다. 어차피 모든 것은 그네들이 자기들에게 유리한 조건하에서 만들어진 것이기에 특별한 조항이 아니면 전혀 시선도 주지 않는다.

내가 지금 숨을 쉬고 있는 한 내가 해결해야 되는 것에 시간을 투자해도 정신을 다 집중할 수 없는데 그런 것에조차 시간을 낭비할 여유가 없다.

가슴이 갑갑하고 버거운 나날들 속에서 이나마 견딜 수 있는 힘을 남겨 주신 야훼께 난 이 순간에도 무한한 감사를 드린다.

이 순간에도 난 참 피곤하구나! 라는 말을 잇새로 내밀고 있다.

어깨가 참 아프고 쑤셔 온다.

어찌 됐든 난 오늘만큼의 분량을 해결하고 견뎌 낼 것이다.

조금만 더 견뎌 보는 것이다.

큰일이다

아직까지 화가 덜 풀려 심장 저 밑바닥에서 씩씩거리는 소리가 나는 듯하다.

어제 오후 주일예배를 마치고 집사님 한 분을 서신동에 내려드리고 차선 변경을 위해 깜박이를 5, 60미터 이전부터 켠 후 서서히 차선을 변경할 때도 분명 차가 없었는데 어디서 갑자기 직진 차가 달려와 순간적으로 내 차와 부딪쳤다. 나도 틀고 그 차도 틀었기에 망정이지 자칫 대형사고로 이어질 뻔한 사고였다.

차 안에 집사님 두 분이 더 타고 계셔서 난 간이 녹아내리는 듯한 충격으로 한동안 심장이 두근거렸지만 동승자가 놀랄까 봐 태연한 척 차에서 내려 보니 상대 차 운전자는 30대 초반 정도 되는 젊은 청년이었다.

"깜박이 안 봤어요?"

내가 무슨 말을 더 하겠는가. 차선 변경이 불리하단 것을 뻔히 아는데 젊은 애하고 싸우겠는가?

잠시 후 그쪽 보험사에서 출동해 사진을 찍고 하는 사이 난 내 보험사 출동을 기다리는데 1분이 여삼추였다. 15분 후에 출동한 직원 첫마디.

"차선 변경 원칙은 7:3입니다."

씨-이 누가 그걸 몰라?

같은 직원이지만 엄밀히 말해 난 자기들 고객임에 분명한데 사고난 고객한테 원칙 운운하며 조기합의를 보잔다. 렌트를 쓰고 어쩌고 하면 손해니까.

동승자가 있어 화도 못 내고 빌어먹을 젠장!

내가 바로 직전도 아니고 한참 떨어진 곳에서부터 깜박이를 켜고 차선을 변경할 때 상대방 차는 보이지도 않았는데, 갑자기 제트기처럼 날아와 내 차를 박았는데 원칙만 운운하는 출동 직원이 너무나 싫었다.

"차 어느 공장으로 가실 거죠?"

회사 손해를 막고자 조기합의 운운하는 그자가 내 곁에 와서 물을 때 난 꾹꾹 눌러 대며 대꾸했다.

"생각 좀 해 보구요."

"결정되면 말씀해 주세요."

같은 직원이라 일일이 따질 수도 없고 젠장!

고객 마음을 전혀 헤아리지 못하는 그 직원이 정말 싫었다. 다른 고객들한테도 분명 저럴 텐데….

잠시 후 고객센터에서 사고처리 만족 불만족 전화가 왔기에 '불만족'을 눌러 버렸다.

변명 같지만 내가 오기로 그런 것은 절대 아니다. 평소에 개선해야 된다고 많이 생각한 부분이다.

언젠가도 보상과 직원과 혈압을 올리며 다툰 기억이 나서 웬만하면 참으려 했는데 정말이지 참을 수가 없다. 회사 이득과 지네들 이익에만 급급한 행동은 절대로 묵과할 수 없는 것이다.

사무실 복도에서 부딪히면 껄끄럽고 어색할 수도 있지만 짚고 넘어갈 부분은 분명히 짚고 넘어가야 될 것이고 개선할 부분이 있으면 개선해야 될 것이다.

정작 원칙을 지켜야 할 부분에서는 두루뭉수리로 넘어가는 것들이 원칙 운운하면서 얼버무리는 것은 죽어도 그냥 지나치지 못하는 내 성깔도 참으로 걱정이다.

햇살이 참 좋다

몇 날 동안 새벽엔 꽃샘추위로 쌀쌀한데 낮에는 너무 맑아 참으로 햇살이 아름답다. 베란다에 나가 꽃들에게 몇 마디 중얼거리다 방으로 들어왔다.

코끝에서 정신을 몽롱하게 만드는 수선화의 향! 향이 천 리를 간다 해서 천리향, 히아신스, 게발선인장, 풍로초, 난, 꽃기린, 내일 모레 정도면 벌어질 것 같은 군자란 꽃봉오리, 가랑코엘, 또 몇 개월 동안 나를 반하게 했던 이름은 몰라 꽃! 이런 꽃들을 보면서 난 매 순간 행복감에 빠져 본다.

퇴원하던 날 아끼던 꽃들이 몇 개 죽어 있을 때 마음이 아팠다. 그중에 하나를 열심히 보살펴 주었더니 11월부터 예쁜 꽃으로 날 설레게 했던 꽃이 이제는 네댓 송이만 남아 아쉬움을 안겨 주고 있다.

난 창밖을 보려고 일부러 창문에 커튼을 치지 않는다. 유리창 너머로 색색의 꽃이 보이고, 방문을 열면 숨이 턱 막힐 것 같은 꽃내음에 가슴이 와랑와랑 떨린다.

이 좋은 봄날 바깥구경 한 번 못해 보는 내 처지에 순간순간 발작이 일다가도 오늘 같은 좋은 봄날에 난 뛰는 가슴으로 창조주께 깊은 감사를 드린다.

나도 타인에게 향기를 전해 주는 삶이로 남은 소풍 기간 동안 혼신의 노력을 다해 살고 싶다. 내게 주어진 시간만큼은 열심히 살리라.

한겨울에는 남향집의 혜택?(가난한 자에게 내리는 신의 축복!)으로 방 안 깊숙이까지 햇살이 들어와 맑은 날엔 방 안 온도가 2~3도 이상은 올라가 참 좋고 맑다. 여름에는 양쪽 베란다 창문만 열어 놓으면 선풍기도 필요 없는 맞바람이 나를 부유하게 만드는 이 아파트가 참 좋다.

한 가지 단점이라면 겨울에는 시베리아처럼 오가는 길이 미끄럽고 지하주차장이 없다는 것이다. 겨울은 길어야 3개월이니 그냥 참고 살라던 친구 말이 생각나 피식 웃어 본다.

그래 참 좋다. 조용하고 겨울엔 따스하고 여름엔 시원한 내 보금자리가 있어 항상 감사한다.

오늘 같은 좋은 봄날에 아름다운 것을 생각해야 되는데 내 생각이라는 것이 자꾸만 샛길로 빠지려고 반란을 꿈꾸고 있다.

베란다 쪽으로 고개를 돌리니 노란 수선화가 방긋 웃고 있다. 천리향은 꽃잎이 바닥에 떨어진다. 꽃잎을 주워다 방에 깔아 놨는데 시들면서 색깔이 까맣게 변하고 있어 마음이 아쉽다.

이젠 3월도 중순으로 서둘러 달리고 있다. 운동을 좀 더 하고 힘을 길러 앞으로 3개월 후엔 밖으로 나갈 수 있기를 염원하는 내 마음의 끈을 풀 수 있기를 또 하나의 꿈으로 간직하고 싶어진다.

기울고 있는 햇살이 더 많은 염원을 안고 빛이 나고 있는 오늘, 이 햇살은 참 좋다.

나 죽이기

참아야 하느니라!

참아야 될 게 너무 많은 세상! 두 눈 꼭 감고 땅만 보고 다니고 싶다. 그리고 두 귀를 몽땅 막아 버리고 싶다. 때론 입에 자물쇠를 채웠음 하는 순간이 얼마나 많았던가!

어제 동사무소에 볼일이 있어 갔다가 우연히 마주친 그 애!

"어머 우연 씨! 외나무다리에서 만났네!"

난 어이없어 피식 웃었다. 동거남과 함께 쌍으로 내게 막대한 피해를 입히고 사라졌던 그 애가 넉살좋게 웃으며 친한 척을 하는데 참으로 난감해서 아무 말도 할 수가 없었다.

"그래. 전화는 한 번도 안 받더니 왜 이 동네서 얼쩡거리니?"

"미안! 나 요 앞에서 다육이 정원 크게 하고 있어! 앞으로는 자주 만나."

우리가 언제 친한 적이 있기나 했는지 모르겠다.

'앞으로 자주 만나' 했던 말도, 그 애가 느글느글 눈웃음을 치며 반가워하는 것도 온몸에 소름이 돋을 만치 나를 멍들게 했던 그네들의 행동이 생각나 멈칫 뒷걸음질 치게 했다. 그래서 어정쩡하게 의례적이고 건성인 대답을 하고 헤어졌다.

그 후로 난 내내 실실 웃어 댔다.

그래! 세상을 살려면 저 정도는 돼야지! 나 같은 무골충이 살기엔 너무 어처구니없이 삭막한 세상이지 않은가.

갑자기 명치끝이 아파 왔다.

소갈머리 없는 무골충 같으니라고!

그래도 그 애가 실실 웃으니 내심 반가워했던 내 본마음은 뭐란 말인가?

넉살 좋은 가시나!

나도 5분만 그래 봤으면!

그 애를 만난 후 낙엽이 흐늘거리는 모습에 내 시선은 반미치광이가 돼 도저히 돌아다닐 수가 없어 집에 일찍 돌아와 혼자 구시렁댔다.

그때 마침 합천에 있는 스님친구에게 전화가 왔다. 그쪽으로 한번 놀러 오라고.

"아무 때고 문득 한번 가지요!"

동갑네 친구인 그 스님에게 가끔 농담 한마디씩 던진다.

"한동안 연락이 안 되길래 환속해서 장가간 줄 았았시요!"

그 친구도 많이 늙었나 보다. 한동안 외출을 못할 정도로 많이 아팠단다. 그래서 나 같은 친구라도 보고 싶은지 놀러 오란다.

조만간에 한번 가 봐야 될 것 같다.

이런저런 생각을 모아 보니 보고 싶은 얼굴도 참 많다.

과연 그네들도 살면서 한번쯤은 나를 보고 싶어 하기는 할까 생각하니 가슴이 먹먹해지고 심장이 뛰고 있다는 걸 느낄 수 있었다.

그래! 내가 살아 숨 쉬고 있으니 그리운 얼굴도 잊혀진 얼굴도 분간

하며 살아지는가 보다. 그리고 살아 숨 쉬고 있기에 귀를 막고 눈을 감고 입에 자물쇠를 채우고 싶은 순간들도 감지할 수 있지 않은가!

가슴이 조금씩 마비되면 난 그때 어떤 대비책을 세울 수 있을는지!

내가 그토록 그리워했던 얼굴을 막상 대하고도 알아볼 수 없을 만치 내가 망가져 있다면?

오늘 아침은 완전히 겨울 같은 날씨다.

오늘 회사에서 가을 산행을 간다는데 난 어디로 갈까?

아무 데라도 가야겠다.

무작정 오늘 하루 눈, 귀, 입 다 봉하고 내던지고 막아 버린 채 그냥 바퀴가 굴러가는 대로 한바탕 돌아 볼 예정이다.

내 이 마음을 같이 가기로 한 일행은 아직 모를 것이다. 크흐흐흑.

느린 컴퓨터 핑계

"엄마! 크리스마스 선물로 젤 좋은 컴퓨터 사 주려고 찜해 놨어!"

"지난달에 9만 5천 원이나 들여서 업그레이드시켰는데 한동안 써야지, 그거 돈으로 줌 안 될까?"

"안 돼! 내가 집에 가서 한 번씩 쓸려면 속이 터지거덩?"

괜스레 돈으로 달란 말 했다가 딸애한테 속만 보인 셈이다.

내가 컴퓨터를 전혀 모르던 때에 신입이 정말 싼 거라며 사라기에 선뜻 샀었다.

난 성격상 남의 말을 잘 믿는다. 그리고 믿으면 군말 없이 저지르는데 일가견이 있는 내가 항상 바보 같다는 생각을 떨쳐낼 수가 없다.

컴퓨터가 느려서 너무 답답해 예전 주일학교 중고등부 제자한테 와서 좀 봐 달라고 부탁했다.

"선생님, 이거 얼마에 사셨어요?"

"한 4년 전에 50만 원. 왜, 비싸냐?"

"말도 안 돼요! 사양이 형편없어요. 적어도 1, 2기가는 돼야 좀 도는데 4, 5백 메가밖에 안 돼요. 누구한테 사셨어요?"

"난 싸다고 아는 사람한테도 소개시켜 줬는데 참 미안하구나!"

말은 그리 했어도 약이 올랐다.

바보! 왜 번번이 속는 거야. 이젠 좀 약아져도 되지 않니?

스스로에게 비아냥거리듯 중얼댔던 기억이 열없게 달려들었다.

믿어 주는 게 뭐가 나쁘다고. 날 속여 놓고 고소해했을 그 누군가에게 난 졸렬한 한마디를 건넨다.

"남의 가슴 멍들게 하면 내 가슴엔 피멍이 드는 거 모르니?"

더 큰 저주를 하면 부메랑처럼 되돌아올까 봐 차마!

어찌 됐건, 딸아이 입에서 크리스마스 선물 얘기가 나오니 가슴이 철렁 내려앉았다.

지지난 주에 아는 식당으로 저녁을 먹으러 갔는데 벌써 크리스마스 트리를 꾸미고 있었다. 오늘 새벽에도 출근하며 몇 군데서 트리를 보았다.

컴퓨터가 느린 만큼 내 삶이도 느리게 가길 원하고 있는 것처럼, 크리스마스트리 불에 덴 것처럼 가슴이 화끈거리고 따갑고 아프고 정신이 몽롱할 만치 부산스럽다.

딸아이가 했던 말이 자꾸만 가슴에 와서 꽂힌다.

"엄마, 이제 회사 그만둬! 후원하는 모든 것들도 그만두고! 내가 앞으로 돈 많이 벌어서 할게. 이젠 무리 좀 하지 마셔!"

딸아이의 연봉을 알고 있다. 아직은 자리를 잡는 중이라 적지만, 내년 3월엔 연봉이 오르니 용돈도 많이 주겠다고 큰소리를 뻥뻥 치는데 난 그냥 웃어 버린다.

그 애는 내가 한 달에 쓰는 액수를 알면 아마 기절하고 말 것이다. 내가 매달 자중하면서 정리하고 또 정리를 해 보지만 안 되는 부분은 어찌해도 안 되는 걸!

느린 컴퓨터만큼 내 행동반경이나 그 모든 것들이 조금만 더 느리고 여유롭기를 염원해 본다.

매일매일 반복되는 내 머릿속에서의 전쟁은 늘 이렇다.

누구누구는 요즘 좀 어찌 지내고 계신지!

어디어디에 단 오십이래도 보내 줄 때가 됐는데!

며칠 있음 거기에도 어디에도 맨 보내 주고 싶은 곳 천진데….

참, 누가 이번에 청도에다 자립하는 그거 또 차린다고 메일 왔는데 거기에는 또 얼마를 지원해 줘야 하나? 한 번에 그치면 안 되니까 다음 달 월급이 제대로 나와야 결정이 될 텐데….

이거 원, 실적을 올렸어야 수당을 기대하지!

갈수록 영업은 힘들어지고 회사에서는 기름틀에 넣어 짜내듯 이런 저런 요구조건이 많아지고 점점 위기의식을 느껴야 되니 참 그렇다.

넘어진 김에 쉬어 간다고, 느린 컴퓨터마냥 늑장 부려 볼까?

감사합니다

오랜 시간을 쓸데없이 허비하고 있는 듯 가슴이 타고 답답하다.

뭔가를 해야 되는데 도저히 실타래가 풀리지 않아 잔뜩 심통 난 뭐처럼 웅크리고 있는 내 살이에 염증이 생겼는지 아예 옴짝달싹 못하게 만들어 버린다.

병상에 누워 있을 때 통증에 시달리며 모르핀을 맞지 않고는 단 1분도 잠잘 수 없던 시간이 있었다. 전신 깁스로 한번 앉아 볼 수만 있다면 했던 순간, 죽을 수도 살 수도 없었던 순간들!

거의 한 달 이상을 불면에 시달리며, 지난주에는 아침에 일어나다 쓰러져 하루를 결근했고, 저녁이면 너무 아파 초죽음이 돼 버리는 나날들의 연속!

그래도 새벽에 눈을 뜨고 기를 쓰며 출근하는데, 낙엽이 눈처럼 내리고 있었다. 언뜻언뜻 불빛 사이로 비치는 새벽 풍경을 보며 하마터면 울 뻔했다.

아무도 지나지 않은 것 같은 거리에 낙엽이 소복이 쌓여 있고, 불빛을 뚫고 눈처럼 내리는 낙엽을 보는데 나도 모르게 기도가 올려졌다.

"감사합니다. 오늘도 이렇게나마 이 새벽에 변함없이 출근할 수 있게 해 주셔서 너무너무 감사합니다. 이 행복을 제게서 너무 빨리 지나게 하지 마시고 좀 더 기다려 주세요. 감사합니다."

지인들은 집에 컴퓨터가 있으니 재택 근무하라지만, 아니다.

밖으로 나올 수 있다는 행복, 기를 쓰고라도 움직일 수 있다는 행복, 저녁이면 비록 사지를 발기발기 찢어 내는 통증에 시달리고 옴짝달싹 못하게 아파도 아침에 눈을 뜨면 다시 일어나 나올 수 있다는 것이 나는 지금 감사하다! 내가 살아 숨 쉬고 있다는 것을 재확인할 수 있으므로.

얼마나 많은 순간을 숨 쉬는 거 하나만으로도 감사했던가.

"요즘 건강은 좀 어때?"

누가 물으면 난 별것 아닌 것처럼 웃으며 대답한다.

"늙었는지 자주 아프네요. ㅋㅋ."

"그럴 때도 됐지!"

그렇지만 가끔씩은 조급하고 두렵다.

온몸에 파스를 덕지덕지 붙이고 마지막 끈을 거머쥐고 있는 이 살이를 조금이라도 더 연장하고 싶은 이 마음을 누구에게 들킬세라 낑낑대는 내가 이 아침 특별히 감사드린다.

살아 있어 이렇게 움직일 수 있게 해 주셔서 감사합니다.

조금만 더 지체할 수 있도록 잡아당긴 끈을 좀 더 느슨하게 풀어 주소서!

당신의 사랑 진정으로 감사합니다.

오늘도 잡아 붙들어 주소서.

작은 방이 비좁아지다

깔끄러운 성격이라 신경을 너무 곤두세웠나 보다. 새벽에 분명 똑같은 시간에 눈을 떴는데, 느낌이 이상해 벌떡 일어나 보니 30분을 더 잤다. 이제 늙었나?

서둘러 출근했더니 평소보다 20여 분 늦었다. 지각한 것도 아니고, 누가 뭐랄 사람도 없는데 왜 항상 그렇게 자신을 달달 볶는지!

아니다, 한순간도 긴장을 늦추면 안 된다. 내가 세상에서 가장 무서운 사람은 누구누구도 아니고 어떤 위대한 사람도 아니고 내 스승도 아니다. 바로 내 자신이 가장 무서운 것이다.

누구에게나 야누스적인 면이 있다는 걸 잘 안다. 그렇지만 내가 생각할 때 난 나 자신이 얼마나 많은 기질들을 끌어안고 사는지 잘 알고 있다. 그 기질들 속에는 장점보다 단점이 훨씬 더 많을지도 모른다.

난 아무에게 도 구애받지 않고 자유롭게 혼자 지낸다. 하지만 아무도 보지 않는 나만의 공간에서도 정해 놓은 '절대 해서는 안 될 일들'을 철저히 지키는 편이다.

누가 본다고!

ㅋㅋㅋ 그래, 경외하고 두려워하는 그분이 위에서 보고 계셔!

이렇듯 꽉 짜인 틀 속에 나를 가둬 놓고 살면서도 항상 사악한 생각과 반란으로 뭉쳐진 나를 발견하곤 할 때면 나도 모르게 소스라친다.

딸아이가 가져다 놓은 짐들이 내 서재 여기저기에 널려 있어 내심 깔끄러웠다. 친구랑 둘이 간단히 자취생처럼 살았을 텐데 무슨 짐이 이리도 많은지. 짐을 옮기는 와중에 이것저것 남에게 줬는데도….

암튼 리비아에 가 있을 일 년 동안엔 끌어안고 있어야 될 모양 같아 그저 답답하다.

난 나와 어느 정도 타협하고 있는가

난 정말 최선을 다했어. 그런데 이제 정말이지 지친다. 쉬고 싶고 포기하고 싶다.

이렇듯 난 자신의 합리화를 위해 변명 아닌 변명을 해 댄다.

정말 힘이 들 때는 아무런 말도 나오지 않는 법이다. 어설픈 변명이라도 나온다는 것은 어느 정도나마 여력이 남아 있다는 증거이리라!

누구나가 80%는 노력하면서 20%는 적당히 타협하고 변명하고 자신을 속이는 게 보통이란 얘길 듣고 난 피식 웃었다. 그리고 속으로 중얼거렸다.

"난 아니야! 정말 혼신을 다해 최선의 노력을 했어!"

그런데 정말 그럴까?

내가 진정으로 최선을 다했을까?

요즘 들어 위기의식이 엄습하는 통에 이 굴레에서 벗어나고자 핑계거리를 찾고 있었던 것은 아닌지 이 아침 진지하게 고민해 본다.

많이 아프다고 엄살을 부린 게 아닐까? 매사를 내 기준에 맞춰 놓고, 타인들의 접촉은 아예 차단하고 외롭다느니 힘들다느니 어설프게 엄살을 부렸던 게 아닐까?

적당히 내 자신과 타협하고 기회만 있으면 도망치려고 출구만 노려보고 있지는 않았던가?

신은 모든 이에게 공평하게 견딜 수 있을 만큼의 고통만 분배해 주셨다는데 난 그것을 인정하지 않고 내 안에 감옥을 만들고 절대로 열어 볼 수 없는 막강한 힘의 자물쇠를 걸어 둔 것이 아닌지!

아파서 못 견디겠다고 아우성만 쳐 대는 꼴은 아닌지?

많은 생각으로 이 아침 머리가 뒤숭숭하다.

간밤엔 너무 피곤해 정신줄을 놨지 싶다. 두어 시간 잔 것 같은데 어느새 눈이 떠져, 서둘러 출근하는 내내 자신을 추슬러 봤다.

그래, 더 해 보는 거야! 고지가 바로 저긴데 예서 포기할 순 없지?

그렇다. 새로운 통로를 찾아야 할 모양이다. 시선을 돌린 곳에 출구가 있다면 좀 더 많은 곳에 출구를 만들고 내 가슴속에 가둬 두고 있는 것이 있다면 내보내려는 노력을 아끼지 않으리라.

그리고 한 개의 방만 만들지 말고 여러 개의 방을 만들어 놓고 각 방의 문을 활짝활짝 열어 놓고 누구나 들어와도 좋다는 문구도 하나 써 놓고, 더 덧붙인다면 '아무나 들어와서 푹 쉬고 가세요.' 이렇게 적어 방문 앞에 커다랗게, 좀 촌스럽더라도 그렇게 걸어 놓으리라!

외롭지 않은 방을 되도록이면 많이 소유하고 싶다.

억지로라도 웃으리라. 누구를 향해 시기의 눈총이나 가시 박힌 언어는 절대 내뱉지 않을 것이며, 내 상처가 아파서 고름이 생기면 상처를 치유해 달라고 고래고래 소리도 질러 볼 참이다.

오늘이 초복이란다. 팀원들 데리고 맛있기로 유명한 순댓집에 가서 순대전골이라도 먹어야 될 것 같다. 힘 한 근 사고 용기 한 근 사서 지혜 속에 꽁꽁 묶어서 두루두루 나눠 먹어야겠다!

내 곁에 있는 자 누구

"내가 세상을 헛살았어!"

자주 이런 말을 읊조리게 된다.

난 사람한테 많이 집중하는 편이다. 소위 공을 들인다.

누군가가 나에게 접근하면 난 의심을 하지 않는 편이다. 설혹 의심이 갈 행동을 하거나 다른 사람이 그것을 일깨워 줘도 난 그냥 믿고 지나치거나, 본인이 시인하지 않으면 무시해 버리는 편이다. 그런 후에 항상 뒤통수를 맞고 오랜 시간을 아파한다.

1995년 9월 27일 이곳에 입사한 후 내내 겪는 일이지만, 정말 많이 아프다. 동료? 웃긴다.

모두를 적으로 생각하고 그리 행동을 한다. 절대 진심을 내보이지 않고 시선에는 언제나 이중성을 붙이고 다닌다.

머리만 있지 가슴은 없는 이 살이가 싫어, 내 곁에 누군가를 있게 하고 싶어 많이 노력했다. 아니, 많은 사람들에게 아낌없이 공을 들였다. 그러나 결과는 번번이 뒤통수 맞기 일쑤다.

누굴 믿고 살아야 한단 말인가?

금요일부터 내내 가슴이 아파 잠을 설쳤더니 이 아침 눈꺼풀이 무겁다.

나를 위해 울어 줄 사람이 결코 한 사람도 없단 말인가? 정말이지 '이에는 이, 눈에는 눈' 이렇게 생각하면서 감질나고 야박하게 살아야 된단 말인가?

지금 나는 많이 아프다. 더 많이 미치도록 환장하게 내 자신이 싫은 것은, 내가 그네들에게 쏟아부은 시간과 돈과 열정이 아까워 미치겠는 것이다.

갑자기 환청이 귓가를 찢어발긴다.

"인덕이 지지리도 없을 것이다."

마치 저주처럼 내게 해댔던 어머니의 말이 이 순간 고막을 째듯 달려든다.

날보고 어쩌란 말이냐? 내가 아무리 기를 쓰고 노력해도 안 되는 것을 말이다.

아프다. 정말이지 너무 아프고 가슴이 허전해서 미칠 것만 같다. 내 곁에 아무도 없다고 생각하니 앞으로 사람들을 어찌 대해야 될지 아뜩하다.

아니, 내가 지들한테 공들인 게 몇 년인데 감히 내 뒤통수를 쳐? 으흐흑!

오랫동안 아플 것 같다.

내려다보고 계시나요

아버지!

뵙고 싶은 아버지!

그 먼 나라에선 좀 편안하신가요? 어머니는 좀 어떠신지요?

당신은 떠나실 때도 절 보지 않고 가셨지요. 당신이 떠난 후 내내 당신을 그리워했습니다.

어제 당신의 장남이 입원해 있는 원광대학병원에 갔다가 후회하면서 돌아왔습니다.

사람이 그렇게까지 변할 수 있다는 사실에 많이 놀랐습니다. 당신이 마지막 떠날 때까지 마음 졸이며 안타까워하셨던 당신의 장남이 말입니다.

인간이 아닌 해골만 침대 위에 누워 있었습니다. 뇌수술을 해서 머리의 3분의 2는 함몰돼 있는데다 입은 벌어지고 눈만 멀뚱거리며 피골이 상접해 있는 모습을 지난밤 내내 지울 수가 없어 힘들었습니다.

연세대학을 다닐 때 자가용이 흔치 않던 그 시절 포니를 몰고 다녔던 당신의 장남이 방학이면 이젤을 들고 다니며 사생화를 그렸고 183센티의 큰 키에 긴 바바리를 걸친 모습의 영문학도인 당신의 장남이 제 선망의 대상이었던 걸 당신은 아십니까? 그랬었던 당신의 장남이 그토록 초췌한 모습으로 누워 있더이다. 저도 몰라보고 말입니다.

당신은 보셨나요? 그 초라하고 볼품없는 모습을. 사람이 어쩌다 그렇게까지 변할 수 있는 것인지 전 도저히 이해가 안 됩니다.

사랑하는 아버지! 그곳에 계시면 제발 힘 좀 써 주세요! 당신이 마지막까지 애절하게 걱정하셨던 그 장남을 데려가 주세요. 더 이상 고통스럽지 않게 당신의 장남을 그곳으로 데려가 보살펴 주세요. 가슴이 꽉 막혀 한마디도 할 수가 없습니다.

당신 살아 계실 때 당신의 마음을 너무 아프게 하는 그가 싫어 제가 대신 그자를 죽이고 싶도록 그자는 당신을 항상 암흑으로 몰고 갔던 것 기억나시나요?

아버지, 전 당신의 성실하고 근면하신 모습에서 삶의 진면목을 배우며 살았습니다. 지금도 당신의 삶을 닮고자 노력하며 살고 있습니다만 당신처럼은 아직 멀었지 싶습니다.

당신을 존경했습니다. 비록 당신이 절 외면했어도 당신의 깊은 사랑을 전 압니다. 그리고 지금은 당신들을 미워하지 않습니다.

정말 오랜만에 당신을 불러 보지만 매 순간 당신을 기억하고 그리워합니다.

당신의 넓고 깊은 사랑을 그곳에서도 부디 이곳에 있는 당신의 자녀들을 위해 베풀어 주세요.

어제 오늘 내내 제 대신 울어 주듯 비가 내립니다.

아버지 당신을 사랑합니다. 도와주세요.

외출 후유증은 무슨 색일까

얼마만의 외출인지 모르겠다.

3주 이상 차를 움직이지 않아 방전을 염려하며 시동을 걸었다.

다행이다 싶게 이상 무!

응달엔 아직도 쌓인 눈이 녹지 않았고 비가 내려 온통 질퍽한 도로 위를 달리는데 소풍을 가는 기분이었다.

마트에 생필품을 사러 갔기에 잠깐은 괜찮을 줄 알았다

그런데 웬걸, 정신이 혼미해질 만치 하늘이 빙글빙글 도는데 아무 정신이 없었다.

일행이 있어 점심은 해결하고 와야 될 것 같아 간단히 밥을 먹는데도 진땀이 났고, 금방이라도 쓰러질 것같이 어지러웠다. 쇼핑카를 몰고 가는 명자의 뒤에서 휠체어를 밀고 따라다니는데 나도 모르게 신음소리가 나곤 했다.

3주 동안 방 안에서만 끙끙대서일까?

밖에 나가고 싶어 발광을 했었는데, 치료가 아직 끝나지 않아서도 그렇겠지만 체력이 그 정도로 바닥일 줄은 몰랐다.

운전하고 오는 내내 고개를 주억거렸다.

집에 도착하자마자 아이구 외마디 소리가 터졌다.

오늘 하루 많이 피곤했는데도 잠은 오지 않는다.

왜 그럴까?

매 순간 가슴이 저릿저릿 아파 오는 이 느낌은 왤까?

모든 것을 내려놓았다고 말로만 천만 번 씨불이면 뭐 하나?

내가 요즘 영육으로 너무 지쳐 있는 상태임을 알고는 있어도 이렇게까지 나락으로 떨어져 있음을 절감하다니!

자꾸만 허공을 바라보는 습관 하나가 더 늘었다.

내가 요즘 왜 그러지? 하다가 피식 웃어 버린다.

오늘 외출 후의 후유증은 무슨 색일까?

바람이 분다

요 며칠 동안 바람이 세차다. 새벽엔 모골이 송연해 누군가 내 뒷덜미를 금방이라도 낚아챌 듯 두려워 후다닥 차문을 열고 들어갔다.

누군가가 흔적을 남기고 떠난다면 그 사람의 흔적을 그리워하는 사람도 있을 것이다. 아니, 가슴이 뻐개질 듯이 아픈 그리움일 것이다.

내 차를 주차한 자리 바로 뒤에 같은 동 아저씨가 몇 날 동안 뚝딱거리며 평상을 만들어 두었었다. 그곳에 자주 주민들과 앉아 있었는데 얼마 전 암으로 세상을 떠났단다. 주민들과는 자주 험악하게 싸웠던 그가 내게는 별다른 악감정이 없었던지 오가는 길에 알은체를 하곤 했다.

그가 떠난 후로 바람이 거세게 불면 바람소리가 마치 귀신의 신음소리처럼 섬뜩하다. 특히 내가 출근할 시간엔 동트기 직전이라 많이 어둡다. 바람은 내 혼을 앗아 갈 듯 불어 젖히고 스산한 기운이 머릿결을 스칠 땐 등골이 오싹하다.

사무실에 도착하니 오늘 밤 산간지방에 눈이 내린다고 청소하는 언니들이 수선이다. 하기야 그제는 설악산 대청봉에 첫눈이 내렸단다.

갑자기 가슴이 쿵쾅거렸다.

비가 내리면, 바람이 불면 주체할 수 없는 이 광기!

언니들이 진안으로 풋고추를 따러 가야 되는데 차가 없으니 오후에 같이 갔다 오잔다.

"그러지 뭐!"

그런데 바람이 불면? 비라도 내리면? 나의 광기는 주체할 길 없이 머리를 풀어헤치고 구천을 떠돈다.

내가 울렁증을 느낄 만치 현실에 타협하지 못하고 있는 것일까?

어제 딸아이가 전화에 대고 어리광을 부렸다.

"엄마, 나 힘들어 죽겠어!"

"죽을 만치 힘들면 귀국해야지!"

"그럼 엄마가 나 먹여 살려 줄 거야?"

"설마 굶어 죽기야 하겠냐! 그치만 엄마는 절대 널 멕여 살려 주진 못하지!"

이렇듯 시답잖은 너스레를 한참 떨고 끊었는데, 우린 그렇게 웃고 쫑알대고 서로 엄살 부리다 끊고 나면 주요 목적은 항상 까먹는다. 그리고 다시 전화가 연결되면 서로,

"참! 지난번에 까먹은 게 뭐였지?"

"아참! 지금은 생각 안 나니까 생각나면 다시 통화하면 되지 뭐!"
이런 식이다. 야무진 딸아이도, 오기꾼인 나도 심각한 심경이나 고민 같은 것은 서로 가슴 안쪽에 숨겨 놓고 그저 허튼 너스레로 일관하고 만다.

딸아이는 어릴 때부터 스스로 해결하고 깨지고 헤쳐 나가는 게 습관이 된 탓인지 세상에서 가장 가까운 모녀 사이인데도 나에게 해야 할 말을 아낀다. 서로 애틋하고 그리워하면서도 막상 해야 할 말이 생

기면 서로 미루고 또 미뤄 두는 게 습관화돼 버렸다.

바람이 분다.

내 가슴에도 이 아침에 세찬 바람이 불어 젖히는 통에 두통이 밀려온다.

더 많은 말들을, 그리움을, 아픔을 가슴에 차곡차곡 쌓아 두면 안 되는데, 바람이 유난스레 많다던 딸아이 말이 생각나 리비아에 갑자기 전활 걸고 싶은데 그곳은 지금 한밤중이다.

오늘도 열심히 내 가슴속에 불어 젖히는 바람을 잠재우며 열심히 숨을 내질러 봐야 될 모양이다.

제 4 부

오늘은 내일의 어제

동트기 전의 그림

희뿌옇게 어둠을 뚫어 낼 즈음 입을 벌린 목련을 보았다.

정신을 가다듬지 못하고 있는 사이 성큼 내 곁에 다가와 알은체를 하는 것들!

순간적으로 가슴이 와르르 무너져 내렸다. 타인의 일거수일투족은 일일이 참견하면서도 정작 느껴야 되는 것을 놓쳐 버린 어리석음 때문에 가슴은 와랑와랑 떨려 왔다.

향기가 너무 좋아 다가갔다가 시든 모습이 너무 아파 눈물 흘리게 하는 목련은 내게 많은 기억을 더듬게 하는 꽃이다.

서러움의 극치를 넘나들게 하는 꽃들이 목련꽃 하나뿐일까만, 아마도 봄꽃 중 높은 곳에서 우릴 바라보는 꽃이어서 그럴지도 모른다는 생각이 지배적이다.

봄날에 거리에 나서면 지천으로 피어 있는 수많은 꽃 중에서 유난스레 내 마음을 설레게 하는 꽃은 목련이고 진달래다. 진달래가 필 때쯤이면 하루에도 수십 번씩 긴 머리 풀어 헤치고 정신 나간 채로 높은 산을 훨훨 날아다니는 망상에 사로잡히곤 한다. 그때마다 내 가슴은 핏빛으로 멍들어 구천을 떠도는 영혼이 되어 인간이기를 거부하고 싶어 한다.

유난스레 봄을 많이 타는 내가 이 봄을 어찌할 거나 생각하면 내 영육은 순간 와르르 무너지고 만다. 아무렇지 않은 듯 무감정 무통증인 채로 건성으로 움직이는 내 여린 육체는 거센 파도에 부딪쳐 피멍이 들어 떠다니는 게 전부다.

피가 철철 흐른다.
누구의 넋이기에 끌어안고 있는지
그 애는 나를 50년이 지나도
놓아 줄 줄을 모른다.
영혼을 위로해 줄 무엇 하나 없어서
그 애의 영혼이 내게 손짓하면
허정허정 내 전부를 내맡기는 수밖에…

이제 그 애와의 살이가 습관화되어 버린 듯
계절이 바뀔 때마다 같이 머리 풀어 헤치고
헤실헤실 웃으며
육신으로 날지 못하는 설운 한을 부여안고
그 애의 여린 팔에 매달려
천상을 넘나들고 싶어
발광하듯 그 애의 날개를 거머잡는다.

밤새 비가 내렸습니다

세상을 온통 떠내려 보낼 듯 비가 쏟아붓더니, 오늘 아침 출근길 세상은 훨씬 더 맑은 상태로 아침을 준비하고 있었나이다.

꽃비를 맞으며 출근했습니다.

지난겨울 그토록 시도 때도 없이 눈을 주시기에 대지가 촉촉한 줄 알았는데 봄 내내 가물었는지 들판이 메말라 있더이다.

간밤 내린 비는 농민들에겐 약비가 될 것 같습니다.

계절적으로 봄과 가을이 없어진 듯하여 아쉬운데 그래도 꽃비가 내리는 걸 보니 풍요로움이 조금은 남아 있는 듯합니다.

아직은 당신의 세계가 참 아름답다고 느낍니다.

경외하는 당신이시여, 당신의 축복을 조금만 더 더디게, 조금만 더 오래도록 이 땅에서 거두지 마옵소서! 두려워 떨며 당신에게 간구합니다.

세상은 온통 무질서로 뒤엉키고 있나이다.

당신이 원하셨던, 정의가 하수와 같이 흐르는 당신이 다스리는 그 나라가 되려면 이대로는 절대 안 됩니다.

조금만 더 뜨거운 햇빛을 주시고 조금만 더 낮에는 구름기둥과 밤에는 불기둥으로 지켜 주셔야 한 사람, 단 한 사람의 사랑이 결실을 맺을 수 있을 것 같습니다.

노여움은 잠시 뒤로 물리시고 조금만 더, 조금만 더 긍휼을 베풀어 주시옵소서.

그리고 간절히 원하옵기는, 위정자가 당신을 두려워 떨게 하시고 눈과 귀를 열어 주시어 이 백성들의 앓는 소리를 듣게 하시고, 눈먼 자, 귀머거리가 되지 말게 하소서!

아주 미약한 백성은 이 땅의 위기를 보면서 잠을 설치고 있는데, 왜 위정자들은 눈 막고 귀 막고 있는 것일까요?

왜 소용돌이치는 거센 파도를 외면하고 있을까요?

경외하는 당신이시여!

다시 한번 사랑해 주시고 다시 한번 은총의 손길을 이 땅 위에 펼쳐 주셔야 되겠습니다. 굽어 살펴 지켜 주셔야만 되겠습니다.

이 나라 이 백성 사랑해 주시옵소서!

밤새 내린 비가 약비이듯 당신이 주시는 뜨거운 사랑의 시선으로 이 백성이 좀 더 견뎌 낼 수 있는 힘을 주시옵소서!

꽃이 아프게 하다

흐드러지게 피어 내 머리 위로 꽃비가 내리는 상황에까지 이르도록 그걸 잊고 지냈다.

새벽에 나와, 낮에는 바쁜 일상에 쫓겨 운전 중에 꽃을 보면서 감탄할 그 작은 가슴 하나 간직하지 못한 채 마치 철면피처럼 살아야 하는 버거운 내 살이 속에서 꽃을 향해 그리운 시선 하나 보내지 않았었다.

"언니, 나무에 팝콘이 주렁주렁 열렸어!"

아는 동생이 활짝 핀 벚꽃을 비유하는 말을 듣고 쿡 웃다가 가슴께에 심한 통증이 느껴지는 것을 애써 외면해야 했다.

'참 밝아요.', '대단해요.' 정상인들이 내게 하는 말들이다.

안 밝으면 어쩔 건데?

그럼 내가 장애인이라고 매일 울어?

그리고 대단하긴? 그럼 나 좀 살려 줍쇼, 하면서 죽치고 있어?

살아 내다 보니 내 방법이 편법이 됐든 뭐가 됐든 정상인들에게 내가 정상이 아닌 것처럼 보일지 몰라도 난 내가 사는 방법이 지극히 정상임을 인식하고 또 인식하면서 살고 있다.

내 나이가 어느 날 훌쩍 많아진 것도 아닌데, 요즘 들어 자주 서럽고 통증까지 동반한 외로움이 나를 못 견디게 한다.

어느 곳 하나 정상인 곳이 없으리만큼 망가지도록 내 몸을 부려먹은 못된 주인이 돼 버린 요즘 더 많은 연민을 내 자신에게 보낸다.

내 하루는 오만과 오기와 분노와 미움과 갈등으로 범벅된 채 내 육신의 통증 정도는 까맣게 잊을 만큼 정신없이, 그리고 재빠르게 흘러간다.

"그래, 꽃 보러 한번 가자!"

했던 말들을 뒤로한 채 난 설움의 눈물을 꿀꺽 삼켜야만 했다.

지금 나 많이 힘들어. 그리고 많이 아파!

내 영육은 쇠진할 대로 쇠진해 버렸거든.

꽃은 내일도 필 거야!

보고 싶은 호롱아

보고 싶다.

가끔씩 네 얼굴이 아른아른하거든!

간밤에도 우린 통화를 하다 끊어졌지?

기억하니? 엄마가 전화 끊어질 때 했던 말.

"절대로 목표에서 눈을 떼지 마라!"

그래, 너하고 통화를 할 때는 그저 잘 있다는 말에 안심이 돼서 아무런 말도 생각나지 않고, 끊고 나면 아차 또 빼먹었군! 이런 식이다.

그 나라는 어찌 된 게 전화 한 통 제때 할 수 없니?

네가 바쁘거나 아니면 연결이 안 되거나, 여러 가지로 너랑 소통이 잘 안 돼 답답하다.

사랑하는 딸아, 엄마는 늘 너를 생각하면 명치끝이 아프단다.

뭐랄까, 깊은 채무감 같은 거!

네가 잘 자라 준 거 많이 고마워한다.

그치만 가끔씩은 너와 나 사이에 흐르고 있는 암묵적인 이야기들을 수없이 뇌까려 본단다.

그게 뭘까? 할 말이 가장 많으면서도 서로 하지 못하는 그것!

그게 언제나 미안하고 아프고 그렇단다.

말세의 등불이 되라고 널 호롱이라고 이름 지어 놓고 가끔은 후회할 때도 있단다.

기억나니? 엄마가 언젠가 너에게 했던 말.

"이름값 못하겠니? 제대로 하란 말이야!"

그 말을 해 놓고 얼마나 후회한 줄 아니?

너처럼 속 깊고, 남들 다 하는 과외 한번 안 하고 학원 한번 가 본 적 없어도 뭐든지 혼자 척척 했던 너.

"엄마, 난 사막에 갔다 놔도 절대 굶어 죽지 않아!"

네가 그렇게 말했을 때 엄마 가슴은 무너져 내렸단다.

네가 원하는 게 뭔지 알면서도 모른 체 지냈고, 너의 가슴앓이를 그저 지켜봐야만 했던 너의 어린 시절을 엄마는 많이 미안해하고 있다.

모든 사람의 만류에도! 그리고 너와 상의하지 않고 네 아빠를 보낼 때도 엄마는 많이 미안했다.

그리고 언젠가 너에게,

"봐라, 네가 아빠랑 살았으면 엄마는 화병으로 죽었을 테고 넌 중학교도 제대로 졸업 못했을 거다."

라고 말했을 때 넌 그냥 피식 웃었지.

그땐 네 가슴이 얼마나 시렸을까?

어릴 때 유난스레 네가 넋을 놓고 바라본 것들—

아이를 목말 태워 가는 남자만 보면 넌 그 자리에 목석처럼 서서 눈을 떼지 못했지. 그래도 속 깊은 넌 그런저런 표현 한번 안 하고 날 웃기려고 별의별 짓을 다 했던 기억이 이 아침 그리움과 함께 가슴을 울렁이게 하는구나!

이곳은 가을이 깊어 아침저녁으로 많이 쌀쌀해졌다. 묵은 감정들 조금은 털어내고, 날아가는 새에게나 주고 우리 이렇게 살자꾸나!

너무 많은 것을 이뤄 내려 애쓰거나 무리하지 말고 서두르지 말며, 아주 작은 행복의 씨앗을 소중히 싹틔우며, 소중한 정성과 사랑을 하나하나 쏟아붓자꾸나!

그러다 보면 너와 나의 미래가 좀 나아지지 않겠니?

많이 웃자꾸나! 좀 더 많이 사랑하고 퍼 주고 그렇게 살자꾸나!

'깊은 샘물은 마르지 않는다.'라는 거 알지?

우리 사랑을 퍼 주고 또 퍼 줘도 마르지 않게 해 달라고 열심히 기도하고 행동하자꾸나!

건강하고 지혜롭기를 항상 잊지 않고 기도하자꾸나!

사랑한다! 딸아!!

내 안에 내가 있는가

나는 누구인가?

과연 내 안에 내가 존재는 하는 것인가?

자꾸만 화가 치밀어 올라 견딜 수가 없다. 그것을 추스르기가 너무 버거워 요즘 들어 내내 나를 잊고, 내 앞에 산재해 있는 일을 바라볼 수도 없으리만큼 정신이 혼미한 상태다. 아무것도 할 수가 없는 것이다. 시간에 쫓겨 하루가 그냥 떠밀려 지나고 있다.

순간순간 화가 치밀어 견딜 수가 없다.

누구를 탓하거나 원망할 기력도 이미 쇠진한 상태다.

이런 상태에서 겨우겨우 연명해 나가기 때문인지 걸핏하면 화가 나고 슬프고 우울하다. 명치끝이 아파서 견딜 수가 없는 것이다.

하루에도 수십 번씩 내 자신을 다잡느라 진이 빠진다.

나 자신을 찾을 수가 없다.

아니, 겨를이 없다.

아파서 견딜 수가 없다.

시간을 그냥

시간 죽이는 거야 일도 아니지!

한데 그놈의 시간을 죽이고 나면 왜 그리도 매사가 뒤틀리는지!

꼴 보기 싫은 사람 때문에?

귀찮아서, 살이가 권태로워서, 아니면 이것도 저것도 아닌 상태에서 꼬이고 또 꼬여 버려 전혀 다른 파장 앞에서 맥없이 주저앉아 버리는 처절한 심정을 어디에 토로할고 하면서 허기진 배를 움켜잡고 괴로워한 시간들이 억울해서 죽을 것 같은 시간들을 그냥 날려 버리는 최상의 방법을 몰라 늘 목말라 하는 무골충이!

그래, 내가 이렇게 최선을 다해서 사는데 왜 타인들하고 골이 파이고 그들로 인해 스트레스를 받아야 돼?

다 집어치우고 단 한 사람 내 딸아이한테서만은 깊은 골이 없을 줄 알았다. 그게 커다란 착각이었음을 절감하는 순간 난 하늘이 노랗고 현기증에 시달리게 되었다.

그놈의 착각이란 게 나의 입맛까지 빼앗아 갈 줄이야!

어제 전화를 건 딸아이가 수화기에 대고 물었다.

"왜 그렇게 힘이 없어?"

"그래. 엄마가 가장 큰 절망을 안고 있어 무겁다."

"왜 또 그러셔! 그냥 맛난 거 잘 먹고 잘 지내! 또 전화할게…."

"그래 잘 지내라!"

전화를 끊으면서 으레 빼놓지 않았던 '사랑해, 딸!'을 차마 말할 수 없었다.

내가 그 애를 너무 사랑해서 기대고 싶었는가?

세대 차이도 극복할 수 있을 것으로 장담했고, 모든 이들이 걱정하는 부모자식 간에 느껴야 하는 그 어떤 것도 우리 사이엔 없을 줄 알았다. 얼마나 무지한 인간인가!

내가 알고 싶어 하는 걸 귀찮아하는 것 같아 시비를 걸었더니—.

"난 엄마가 하는 일에 대해 전혀 상관하지 않는데 엄마는 왜 일일이 알려고 해?"

오, 이런 절망감! 뒤통수 한 대 되게 얻어맞은 듯 뒷목이 뻐근하고 살갗에 소름이 돋았다.

모든 걸 알아서 해결하는 딸아이한테 늘, '잘한다. 난 너를 믿는다.'로 일관했던 게 우리 사이를 멀어지게 한 것일까?

아무도 없는 그런 느낌! 내게 있어서 단 하나의 하늘이 그냥 무너져 내리고 만 그런 느낌은 뭐라고 표현할 수가 없다. 모든 게 뒤엉켜 버리고 맥이 빠져 버린 것 같다.

내 시간을 그냥 저당 잡혀 버린 느낌이다.

그래, 시간이나 죽어라 죽이고 또 죽이는 거야. 그러다 보면 마지막까지 가고 말겠지. 시간은 그냥 흐르고 말 거야!

빨리 해결해야 될 일

사람 맘이 화장실 갈 때 다르고 나올 때 다르단 말을 절감하며 사는 이 바닥! 어제 난 잽싸게, 그것도 아주 기분 좋게 상대방의 마음을 읽어 줬고 깔끔하게 해결했다.

돈맛을 알아 버린(?) 20대 후반의 주부한테 마지막으로 한마디 멋진 말을 남겨 줬다.

"B씨, 복 받을 거예요. 리오 범퍼 값이 14~5만 원이면 되는데 렌트 값이라 생각하고 20만 원 넣었으니 그리 아시고 운전 잘하고 다니세요!"

"그래요? 그렇지 않아도 범퍼 고치면 바로 돈 찾아 주기로 했어요."

그냥 퍼질러 앉아서 병원침대 커버 몇 개만 갈아 끼우면 돈이 나온다. 특히 가정주부들은 병원에서 아예 출퇴근을 하는 현실이다. 거기에다 그녀랑 통화해 보니 평소 허리가 안 좋아 치료를 받고 있는 중인데 그런 와중에 그분이 차를 들이받았는데 통화해 보니 상당히 기분 나쁘게 해서 지금 생각 중이란다.

순간적인 순발력과 직감으로,

"그럼 B씨, 이렇게 하면 어떨까요? 범퍼 약간 긁혔고, 현재 물리치료 중이면 그대로 치료받고 제가 현금으로 범퍼 교체 값을 지금 바로 입금해 줄 테니 보험처리는 하지 마세요. 그리 나쁜 조건이 아닌데 어때요? 우리 목사님 보험처리하면 좀 그렇네요."

"그리만 해 주심 저야 좋죠! 그분이 목사님이세요?"

그녀는 분명 범퍼를 교체하지 않을 것이다.

약간은 씁쓸했지만 순조롭게 내 제안을 받아 줘 그냥 처리해 버렸다. 곁에서 누가 어쩌고 하면 금세 맘이 바뀌어 병원으로 직행하는 것을 너무 많이 봐 왔기에 빨리 처리하는 게 낫다.

이 바닥은 늘 그렇다. 코에 걸면 코걸이, 귀에 걸면 귀걸이가 되는 일들이 하도 비일비재여서 이제 웬만한 일에는 눈 하나 깜짝 안 한다.

그렇다고 편법을 쓴 것은 절대 아니다.

성격적으로 어디에 빌붙고 이익 챙기고 그런 짓은 절대 못하기 때문에, 나처럼 오래된 사람에게는 공업사 쪽에서, 손해사정인 쪽에서 명절이면 인사도 하고 그러는데 처음부터 그런 걸 거절해 놨더니 소문이 났는지 이젠 아무도 나에게 밥 한 끼 안 사 준다. ㅋ

그런 것들이 다 고객의 돈인데 난 내가 술 사 주고 밥 사 주는 게 훨씬 편하고 떳떳하고 그렇다. 그래도 일처리 하나는 신속하고 깔끔하게 처리한다고 자부한다. 내 성격을 보상직원들도 알기에 그다지 불편하진 않다.

그야 당연한 것 아닌가? 내가 15년 동안 열정을 바쳐 닦아 놓은 내 방식대로의 노하우가 나를 지금까지 지탱하게 했고 나를 믿어 준 고객에 대한 감사인데 누가 나를!

이 아침에도 나는 무엇보다 최우선적으로 고객의 소리에 귀를 열어 놓고 기다리는 중이다!

나밖에 없고 우리가 죽어 버린 땅

공연히 약이 오른다. 여태껏 살면서 약 오르는 상황이 어디 한두 번일까만 요즘 자주 느낀다.

새벽에 내가 출근하는 시간은 지정된 몇 군데를 제외하고는 신호등이 거의 점멸등이다. 분명 푸른 신호등인데 할머니 한 분이 무작정 진입했다. 한쪽으로 비켜 가는데도 자꾸 달려드는 할머니….

내가 다니는 치매시설에서도 매번 보는 것인데, 늙으면 애 된다는 말이 맞다. 애도 미운 애 말이다.

언젠가 친구랑 했던 얘기가 생각난다.

"노인정에도 왕따가 있더라?"

"그걸 말이라고 하니? 평생 이기적으로 살면서 안 좋은 습관들을 차곡차곡 쌓아 놓은 버릇이 어딜 가겠니? 노인들이 아마 더 할 걸!"

"하긴 그렇겠다…."

이제 나도 나이를 먹어 가는지, 곱게 늙어 가는 분을 보면 가슴이 뛴다. 그리고 정말이지 '할매 같네!' 소리가 나올 것 같은 노인들을 볼라치면 나도 모르게 소스라친다. 난 늙어서 절대 저러진 말아야지!

여전도사님이 한 분 계신데, 난 가끔 그분을 뵐 때마다 존경심이 우러나온다. 78세이신데 언제나 젊은 우리들을 불러 밥을 먹을 때도 당신이 손수 준비하고 마지막까지 챙겨 주신다. 그런 모습을 뵐 때마다 삭막한 내 가슴이 훈훈해지곤 한다.

난 오만해서 그런지 사는 동안 누굴 딱 꼬집어(위인이든 선배든 은사님이든) 존경한다고 말하지 않았었다. 그리고 이것은 내 단점일 수도 있는데, 난 누군가를 처음 만나게 되면 절대로 상대방을 깊이 알려 하지 않는다. 알게 되면 영락없이 실망하고 말 것 같아서이다.

일대일 만남에서 누가 그 사람에 대해 장단점(사람들이 해 주는 얘긴 모두 단점뿐이다)을 말해 줘도 난 그저 듣기만 할 뿐, 내가 본 관점만을 고집한다. 그 때문에 가끔은 상처받고 씁쓸하지만, 그래도 상대방에게서 나를 웃게 하는 장점이 하나라도 발견되면 그것만으로 사는 의미를 찾을 수 있다고 생각한다.

난 참 사람들에게 거는 기대가 많지만 그 기대치로 인해 누군가에게 실망하거나 슬퍼하지는 않는다. 이런 날 보고 애매모호하다고 말하는 사람들도 꽤 있다.

그렇지만 단 한 가지 확실하게 말할 수 있는 것은 '우리'다. '나'밖에 없고 '우리'가 죽어 버린 이 땅에서 그래도 어딘가 '우리'를 열망하는 사람이 있다면 그거 하나 빌미 삼아 죽어라고 살아 보련다.

좋은 일이란

간밤 내내 잠을 설쳤더니 아침에 눈을 뜨기가 좀 무거웠고 출근을 앞에 두고 망설였지만 그래도 하루 시작에 아쉬움이 남을까 봐 똑같은 시간에 서둘러 나왔다.

딸아이가 1년 동안 리비아로 파견근무를 떠난단다.

어제는 망설였지만 그 애는 가고 싶어 하니 보내야 된다는 결정을 하고는 밤새 뒤척였다. 자기네 설계팀에서 리비아에 병원을 짓는다고, 본인이 좋은 기회라고 말하는데 나 혼자 반대할 수도 없는 일….

7년 이상을 외국에 있다 들어온 지 겨우 6개월. 들어와서도 해외 출장이 잦았는데 또 나간다니 그저 씁쓸했다.

지금 세계 어디든 안전한 곳이 어디 있을까마는 그래도 같은 하늘 아래 같이 있고 싶은데, 귀국해서도 겨우 서너 번 봤을 뿐인데….

남들은 부러운 일이라고 쉽게 말하지만 왠지 모를 답답함이 목을 조른다.

어차피 외로운 개체인데 그걸 가지고 아파할 필요는 없을 것이다. 그치만 좋아해야 될지 슬퍼해야 할지 그냥 막막함이 몰린다.

많이 그리워했던 7년의 시간이 역류되어 내 사고를 흩트리고 있음이다.

해빙의 봄이 오는 중이라는데 내 가슴은 왜 이리도 꽁꽁 얼어붙어 있는지 모르겠다.

힘을 내 보자!

내가 갖고 있는 욕심

‘어느 선까지만, 언제나 넘치지 않게, 또한 너무 부족하지 않게’를 염두에 두며 살지 싶은데 그게 아닌가 보다.

눈여겨보지 않는 척 외면하려 해도 자꾸만 거슬려서 거들떠보게 되는 모든 것들이 욕심에서 비롯되어지는 것 같다. 내 가슴앓이들 또한 욕심이리라.

출근길에 정상적으로 신호대기에 서 있는데 뒤차가 빵 한다. 알아서 가라고 내버려 두었더니 무리하게 중앙선까지 넘어가다 약이 오르는지 또 한 번 빵 하고 간다.

신호를 받고 출발선에서 속도를 내려는데 우회전 차가 급속도로 달려들어 나도 한 번 빵 하고 살짝 주의를 줬다. 방어운전에 익숙해져 그래도 혹시 몰라 한쪽으로 빼려는데 중앙분리대 때문에 어떻게 할 수가 없었을 때 가슴이 철렁 내려앉았다.

여지없는 빗길 사고였는데 정신을 가다듬고 옆 차선으로 홱 틀어 위기를 모면했다.

욕심이다.

세상은 내 뜻대로 되는 게 단 한 가지도 없다는 것을 알면서 매번 스스로에게 깨지고 달래고 하면서 시도 때도 없이 고갤 빼고 달려드는 이놈의 오기는 거의 발작 수준이다.

화가 나 쫓아가 한 방 먹여 주고 싶은 걸 억지로 참고 오는 내내 겨울비를 향해 고맙다고 인사했다.

"고맙다. 고마워!"

주억거리며 내달렸다.

상대방도 자신의 잘못을 인식하며 뉘우치고 있을 게 분명한데 내가 한 방 갈기면 오늘 하루 시작부터 기분이 영 엉망일 것이다.

그래서 참았다. 참아야 된다고 생각하면 끝까지, 죽어라 참는 게 내 특기 아닌가?

사무실에 도착해 커피를 마시며 스스로에게 말했다.

"그래 참 잘했어. 오늘 하루도 부드럽게 넘어갈 거야!"

이렇듯 스스로에게 최면을 걸듯 타이른다.

한 걸음만 뒤로 물러서서 세상을 바라보고 싶다.

아무리 심한 욕지기가 나의 목을 졸라매도 한 걸음 뒤로 물러서서 욕심을 버리고 중용의 시선으로 하루를 보낼 수 있었음 하고 간절히 염원해 본다.

참 좋겠다

진종일 울고 싶었다.

그런데 울 수가 없었다. 무엇 하나 내 맘대로 할 수 없다는 답답함이 나의 족쇄를 더욱 옭죄고 있는 것이었다.

베란다에 나가 한참을 멍하니 앉아 있다가 나도 모르게 꽃을 보면서 중얼거렸다.

"너네는 참 좋겠다."

꽃은 별로인데 오랫동안 피어 있는 부겐베리아, 그리고 꽃기린, 풍로초가 기특하고 봄이 온다는 것을 알리듯 히아신스, 수선화, 천리향, 군자란, 이름도 잘 모르겠는 꽃들이 앞 다투어 꽃잎을 벌리려 하고 있다. 게발선인장도 이제 피기 시작하고, 천리향과 난의 향은 들숨을 한번 잡아당기게 한다. 일주일 후면 벌어질 수선화와 히아신스의 향은 또 나를 얼마나 숨 막히게 할 것인지!

난 답답한 것을 잠시 잊고 싶어 이렇게 뇌까렸다.

"너희는 참 좋겠다. 찬란한 순간을 아주 화려하게 장식할 줄도 알고 뽐낼 수도 있고 말야! 참 좋겠다."

난 지금껏 내가 하고픈 것을 제대로 해 본 기억이 없는데, 매 순간 숨이 꼴깍 넘어갈 만치 숨이 가쁘고 아파도 외마디 소리 한번 내지르지 못했는데 꽃은 짧으면 짧은 대로 길면 긴 대로 가장 화려한 순간을 남기고 기억 속에 남기고픈 그 무엇을 시선이 있는 자에게 전달하고 있는 것이 얼마나 예쁘냐?

꽃나무에 물을 주면서 난 중얼거린다.

"예쁘게, 아주 예쁘게 살아 있어야 한다?"

내 얘기를 알아듣는 그 애들은 작년겨울 그 추위 속에서도 아주 씩씩하고 예쁘게 견뎌 내 주었고, 지금은 서로 앞 다투어 자신의 능력만큼 더 예쁘게 부지런히 꽃망울을 터뜨리려 애를 쓰고 있다.

난 그 애들 앞에서는 가능한 한 한숨도 내뱉지 않으려 애를 쓴다.

그래, 너희들은 참 좋겠다!

이른 전화벨소리

6시 50분에 전화벨이 울린다. 이 시간에 전활 거는 사람은 대부분 내 고객이다.

"이 시간에도 전화를 받네요?"

웃음이 나올 뻔했다. 그럼 받지 않을 거라 생각하고 전화를 했단 말인가?

"네 말씀하세요."

"혹시나 해서 했거든요."

아침부터 이런 전화는 좀 싸해서 좀 더 친절하게 상대방을 안심시켜야 한다.

"대출금 갚으려고요. 돈을 가지고 가야 하나 해서요."

계약 조회를 해 안내해 주고 끊었다. 약관대출을 받고 갚기까지의 마음고생이 보이는 듯해서 가슴이 싸하니 아팠다. 갚을 수 있어서 아침이 오기를 얼마나 기다렸을까?

대부분 이 시간에 걸려오는 전화는 잘못 오는 전화 아니면 사고 났다는 전화가 대부분인데, 오늘 아침 전화는 가슴을 울렁이게 한다.

얼마나 힘들면 조심스레, 그것도 아주 미안해하는 목소리로,

"11만 원 받을 수 있는데 그것도 되나요?"

물어 오는 사람도 있다. 아니면,

"김우연 씨, 나 지금 너무 급해서 그러는데 얼마만 빌려 줘."

하는 사람도 있다. 오죽 급하면 이럴까 싶어 얼굴을 알든 모르든 난 거절을 하지 못한다.

내 고객이 많아도 이관받은 고객은 목소리 정도만 알 뿐 얼굴을 모르는 경우가 많다. 그래도 난 빌려 준다. 아니 더 정확하게 말해서 그냥 준다고 생각하고 준다. 그래서 떼인 돈이 많다.

그렇게 급히 가져간 사람 중 아홉은 안 준다. 이 바닥에서 15년 이상을 부대끼다 보니 이젠 목소리만 들어도 파악이 된다. 그런 까닭에 속아 줘야 맘이 편하다면 타인들은 웃을 것이다. 빌려간 돈을 갚지 않은 고객은 거의가 떠난다.

그렇지만 정말이지 갚고 싶은데 갚을 수 없는 사람들, 아니면 뻔뻔하게도 까맣게 잊고 그냥 지내는 사람들이 아직도 내 곁에 있는 것만으로 난 만족한다.

난 가끔씩 우스갯소리를 한다.

"참 뻔뻔허요이. 난 굶어 죽고 있는데 전혀 도와줄 생각도 않고이. 근다고 보험을 소개시켜 주기를 혔소! 참말로 알다가도 모르겄당게. 암튼 사람 맴처럼 요상한 거는 읎당께요."

지금껏 나와 관계를 이어 가는 사람들 중 정말 힘들어 못 주는 사람들을 난 안다. 물론 얄미운 사람들도 많지만 어쩌겠는가? 강제로 뺏을 수는 없는 일 아닌가!

난 가난하기 때문에 많은 돈은 줄 수 없다. 하지만 내 손에서 떠나는 돈은 떠나는 순간에 지워 버리는 그런 마음으로 준다. 그래야 내가

편하다.

매일 아침 이 건물에 신문을 가져다주는, 내 고객이기도 한 그 사람이 어제 새벽에 이 건물 앞에서 교통사고로 사망을 했단다. 나보다 한 살 아래라서 가끔 농담으로 친구라는 호칭도 쓰는데, 좀 전 그 소식에 가슴이 무겁다.

갑갑한 이 아침에 울린 전화벨 소리가 내게 비상탈출구처럼 느껴졌을까?

먼 길 떠난 사람도 잘 가기를, 남은 가족들의 슬픔도 조금만 덜 무겁기를, 약관대출금 갚을 그 어떤 사모님도, 경제가 바닥이라고 가슴에 뜨거운 그 무엇을 안고 있을 우리 민초들!

모든 이들이여, 오늘 하루 행복하기를, 평안하기를 두 손 모아 염원해 본다.

정체 모를 허기

지난주 금요일에 보고 왔던 상사화! 핏빛으로 뚝뚝 떨어지는 그 무엇이 일주일 내내 환영처럼 달라붙었다.

새벽 출근길에 사람들이 밤새 내린 비 탓으로 가로수로 심어 놓은 은행나무에서 떨어진 은행을 줍고 있었다. 차가 가까이 가도 피할 생각도 않고 은행을 줍고 있는 사람들을 보면서 울컥 치미는 게 있었다.

그리움이었다.

몇 날 동안 가슴을 치받고 달려드는 게 있어 답답했는데, 사람들이 줍고 있는 게 그리움이었음을 자인해야만 했다.

간밤 딸아이가 전화를 걸었다.

“엄마! 나 어쩜 10월에 한국으로 휴가 갈 수도 있어.”

“이젠 안 기다려!”

말은 그리했지만 딸아이가 온다는 말에 가슴이 쿵쾅거렸다.

숨을 쉬는 것조차 버거울 만치 이 가을 나는 그리움에 질식할 것 같은 고통 속에서 괴로움의 시간을 핥고 있다!

사랑하기엔 너무 먼 당신들

토요일 오전, 내겐 유일하게 편안하고 싶은 시간!

낯선 전화가 울렸다.

"몇 호에 사세요?"

무조건 내가 사는 호수를 물어 기분이 그랬지만 다급한 목소리라 알려 줬다. 금세 초인종이 울렸고 아줌마들 세 명이 들어왔다.

"제가 알려 줬다 하면 한동네서 싸움 나니 절대로 말하면 안 돼요!"

그러면서 차번호를 알려 주고 서둘러 돌아갔다.

내려가 보니 범퍼가 약간 밀려 있었다. 항상 내 차 옆에 주차하는 차였고 전화번호가 있어 전화를 했다. 항상 보는 젊은 애 엄마! 69년생이니 나하고는 세대 차이가 나도 한참 나는 그녀가 뛰어 내려왔다.

조심스레 얘길 하자 이 여자 막무가내로 잡아떼더니 3층에 대고 자기 남편을 불러 댔다. 잠시 후 남자가 내려왔는데 별 말이 없었다. 여자만 노발대발 아니라고 발뺌을 할 뿐,

난 순간 울컥 치밀었다. 그냥 미안하다고 한마디 하면 될 텐데!

"그래요? 그럼 이렇게 시끄럽기 싫으니 112 부르면 되겠네요."

112는 금세 왔다. 몇 가지 적고는 사고처리반 경찰차가 출동하니 구경꾼들이 모였다. 그 여자는 더욱 기승을 부렸다. 누가 봐도 자기가 받았다는 각이 나오는데! 난 그만 쪽팔려 아무 말 않고 올라왔다.

잠시 후 사고처리반에서 전화로 내려오라기에 내려갔더니, 여자는 아직도 큰 소리로 자기가 아니라며, 만약에 자기가 아닌 것이 밝혀지면 날 갈아 먹겠다고 악다구니를 썼다. 그녀의 남편은 좀 떨어진 곳에서 관망만 하고 있었다.

경찰이 목격자 전화번호를 물었다. 알려 주고 싶지 않다고 하자 통화만 살짝 하겠단다. 그러고는 잠시 통화를 하더니 애기 엄마에게 그대로 운전을 해 보라고 했다. 여자는 당황해하며 운전을 했는데 아주 서툴렀다.

경찰은 애기 엄마 대신 그 남편을 불러 보험 어디에 들었냐며, 차주가 원하면 보험처리를 해 주라고 한 뒤 돌아갔다. 그러자 애기 엄마의 기가 약간 꺾였는지 저만치 떨어져 있고 남편이 다가왔다.

"제가 아침에 같이 탔었는데 소릴 못 들었어요. 보험처리 원하시면 해 드릴게요."

"애기 엄마가 한 번만이라도 미안하다고 했으면 같은 동에 살면서 112까지 부르진 않았어요. 난 보상보다 원인규명만 하고 싶었으니, 이해하세요. 내가 되레 미안하네요."

그제야 애기 엄마가 쭈뼛쭈뼛 다가와 죄송해요, 한다. 이런! 말 섞기조차 싫었다. 같이 승강기를 타고 올라오며 짧게 말했다.

"같은 동에 살면서 얼굴 붉히지 말게요."

암튼 씁쓸한 해프닝! 내가 숨 쉬고 사는 공간에는 사랑하기엔 너무 먼 당신들이 아주 많다.

이 없으면 잇몸

이 없으면 잇몸으로 산다는데 요즘 나는 잇몸마저 망가져 버렸다. 부지기수로 표현할 방법마저 사라진 지 오래!

밤이면 거의 서너 시까지 통증에 시달리다 겨우 잠에 빠지려 하면 자명종이 울린다.

무슨 오기로 내가 세상을 살았기에 이 나이 되도록 '멘토' 하나 만들어 놓지 않은 상태에서 그저 숨 가쁘게 나 자신을 돌아볼 여유도 없이 지금까지 살아왔을까 싶다.

나의 가장 든든한 백으로 경외하는 그분만 믿고 의지한 대가인가? 하는 반신반의의 기분이 내 영육을 아주 피폐하게 만들었는지 요즘 나는 나 자신을 아주 연민 어린 시선으로 바라보고 있다.

병원을 열 군데씩 가 본들 무슨 소용이 있단 말인가? 모두가 하나같이 그냥 가만히 집에서 쉬라고만 한다.

"그럼 가만히 앉아서 죽으라고요?"

여유 부리며 오기로 배겨 낼 상황이 아니다.

너무 심한 통증에 시달리다 보면 때론 어깻죽지를 도끼로 찍어 내고 싶을 만치 심한 통증에 시달리고, 운전을 하다가도 핸들을 놓칠 만치 아프다. 그럴라치면 가슴이 더 아프고 우울증에 빠져 허우적댄다. 숨 가쁘게 앞만 보고 온 나의 이 살이가 너무 안쓰럽다.

크러치에 몸을 의지하며 어깨를 혹사시켰는데 어깨를 수술하란다. 그럼 나는 방에 앉아 있어야 된다.

우선 수술만은 피해 보려고 약으로 견디지만 진통제 효과는 길어야 한 시간이다.

내가 요즘 정상이 아닌 듯 정신이 혼미해지곤 한다. 어찌할 거나?

무조건적으로 잇몸을 살려야 될 것 같은 절대 절명의 위기 앞에서 문득 새벽에 출근하면서 내 어깨에 대고 중얼거렸다.

"나 지금 너한테 참 많이 미안하거든! 조금만 더 봐주면 안 되겠니? 나 지금 너무 힘들거든…."

솟아날 하늘

하늘이 무너져도 솟아날 구멍이 있단다. 내게도 솟아날 그 무엇이 있을까?

출근길에 가랑비와 함께 꽃비가 내려 가슴이 떨렸다. 이렇게 아름다운 세상에 철따라 비도 적절히 내려 주시고 아름다운 꽃도 피게 하시는데, 그 자리에서 정말이지 타인에게 피해 주지 않고 혼신의 노력을 다해, 그리고 착하게 살고 있는 나에게 하늘은 왜 없는 것인지!

딸아이가 통장에 돈을 넣었다. 그 애 월급날이 20일인데 백만 원을 보내와서 의아해한다.

간밤에 네이트온으로 농담하며,

“엄마, 월급날 용돈 보내 줄 테니 맛난 거 사 먹어.”

“우와! 만세다, 우리 딸! 월급날만 기다려야지~ ㅋ”

이런 농담을 주고받았는데, 뭐가 또 걸렸나?

그 애는 어릴 때도 그랬었다. 내가 말을 않고 있으면,

“엄마, 돈 없어서 그래? 내가 빨리 커서 백만 원 모아서 엄마 좋은 가게 차려 줄게!”

어린 딸아이에게는 백만 원이 최상의 돈이었다. 그래서 얄미웠고 그 애 앞에선 인상도 찡그릴 수 없었다. 난 그 애 앞에서 절대로 기죽을 수가 없었다.

딸아이는 내가 살아갈 수 있는 원동력이자 솟아날 하늘이었기에 세상사람 모두가 미친 짓이라고 손가락질을 해도 난 그 애한테 날개를 달아 주기 위해 혼신의 노력을 다했다. 그래서 그 애는 내가 장애인 엄마가 아니라 슈퍼우먼 정도로 생각하고 있다.

그게 때론 속상하기도 했지만 둘만 있으면 전혀 다른 세상에서 어느 것에도 방해받지 않는 그런 관계가 형성된다.

"무슨 애가 푼수같이 기죽을 줄도 모르냐? 암튼 웃겨."

가끔 딸아이에게 역으로 말하면,

"내가 왜 기가 죽어야 하는데?"

딸아이는 이렇게 반박하곤 했다. 사실은 그 애가 기죽어 클까 봐 얼마나 맘 졸였었는지!

그 애라고 왜 가슴 깊이 묻어 둔 아픔이 없을까마는 전혀 내비치지 않는 그 애를 생각하면 가슴이 저리다.

이 순간 나는 이렇게 뇌까린다.

그래! 그토록 열망했던 내게 있어서의 솟아날 하늘은 그동안 내가 잊고 있었던 내 딸이었구나!

제발 가슴에 응어리 남기지 말고 그 모습 그대로 예쁘고 지혜롭게 잘 살아 줘라, 내 하늘아!

호롱이가 어느 날

사랑하는 엄마에게—

여기는 날씨가 좋았다 나빴다 오락가락 여자의 마음 같네요.

엄마 전화 받고 그전부터 생각하던 것을 말보단 글로 써 보는 것이 어떨까 생각하고 편지를 씁니다.

항상 생각하고 스트레스 받는 일이지만, 엄마 건강도 안 좋고 경제 사정도 안 좋은데 제가 지금 여기 있는 게 너무 이기적인 게 아닌가 하는 생각에 죄책감에 사로잡혀 있습니다.

엄마가 항상 저 때문에 힘들게 목발을 짚고 다니신다고 생각하면 순간적으로 눈물이 나고 저의 무능함과 나약함에 한심함을 느낍니다.

그래서 엄마랑 자주 전화를 하고 싶어도 안 하고, 해도 깊은 이야기를 나누지 않는 것이 아닌가 핑계를 대 보네요. 엄마랑 전화를 하면 괜히 슬퍼져요.

엄마는 저에게 날개를 달아 주고 싶다고 하셨지요.

그런데 엄마를 너무 힘들게 하면서까지 그 날개 달고 싶진 않아요.

저만 좋자고 엄마를 너무 힘들게 하기 싫어요. 전 젊잖아요. 그리고 지금까지도 엄마는 제게 많은 기회를 주셨어요.

보통 집에서도 유학 보내기 힘든데, 장애인인 엄마(어렸을 때는 창피했는데, 엄마도 당연히 아셨겠지만요, 이제는 그랬던 제 자신이 창피해요)가 지금껏 저를 이렇게 키워 주신 것만도 기적이에요. 너무너무 감사드린다는 말을 한 번도 못했네요.

사실 엄마한테 저는 부담이 되는 존재일 거예요. 앞으로도 계속 그러겠죠.

그래도 엄마, 우린 가족이니까 서로 힘이 되어 주었으면 좋겠어요.

1학년을 곧 마치는데, 휴학하는 것이 어떨까 생각해 봅니다. 감정적이 아니라 이성적으로…. 사람 일이란 모르는 것이니까요.

사실 다른 사람들 신경 쓰면 부담되는 일이지만 결국 제 인생인데, 한 번뿐인 인생인데 다른 사람들 신경 안 쓰고 살기로 했습니다.

엄마가 젊었을 때 1년은 중요하다고 하셨는데, 인생은 죽을 때까지 중요하고 모든 것이 인생 경험인 것 같습니다. 저는 지금까지 수많은 경험을 했어요….

제가 이제 철이 드는 것 같아요. 내년, 내후년에는 더 정신 차리고 더 잘 풀리리라고 생각합니다.

모든 일은 하나님이 주관하신다고 믿습니다.

엄마, 건강 항상 챙기세요. 엄마가 갑자기 돌아가시면, 전 미쳐 버릴 거예요. 저의 멋진 성공을 못 보고 가시면 안 되잖아요.

가족이라는 게 참으로 좋네요.

사랑하고 존경합니다.

느긋해지세요.

4월 첫날

오늘 아침, 날씨는 여전히 우울모드다.

3월은 참으로 버겁게 지났지 싶다.

사무실 분위기는 햇살 쨍쨍! 왜냐면 그토록 고대하던 우리 점장이 어제 드디어 차장으로 승진을 했기 때문이다.

내가 이곳에 근무하면서 보아 온 내내 승진코스에서 언제나 막차를 타던 점장이 이번에도 역시 막차로 차장 승진을 했다.

본인 말로는 아예 기대도 안 했다고 하지만 얼마나 좋았을까?

어제 오후 직원들에게 문자를 보냈었다.

— 추카해 주세요! 드디어 제가 이번에 차장으로 승진했습니다.

몇 년 전 점장이 과장으로 승진할 때 너무 좋아하던 모습이 아직도 생생하다.

수직사회에서 빚어지는 일들 속에서 느껴지는 비애감을 나와는 전혀 관계가 없다고 생각하며 지내면서도 그때그때 느끼는 마음은 늘 신기롭다. 때론 저러고 싶을까? 의아해하다가도 목매달고 사는 현대인들에게는 묵살하고 살 수 없는 그런 상황이다 보니 씁쓸하게 보아

넘기곤 했는데 우리 점장이 승진을 했다고 하니 참으로 기뻤다.

왠지 내 짐을 덜어 낸 듯 홀가분하다.

요즘 회사 분위기가 뒤숭숭해서 차장이 평사원으로 내리꽂히는 상황은 많이 안타까웠었다. 우울증 환자를 보는 듯해 항상 안타까웠다고나 할까.

4월 첫날이다! 많은 것들 속에서 꼭 살아남아야 된다는 간절함이, 내 모든 것을 걸고 싶다는 도전정신이 잠자고 있는 내 영혼에 불을 지피고 있다.

그래, 아무것에도 기댈 곳 없는 나 같은 사람에겐 독기 말고는 아무것도 없다는 것을 새삼 절감하면서 내가 살아 있음을 감사한다.

4월이여! 천하의 독종, 그리고 오기꾼 내가 간다.

아-자! 살아남자.

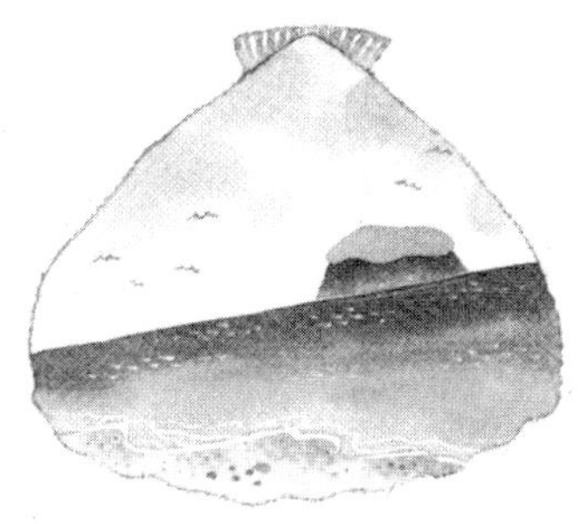

거절하는 법

하루에도 몇 번씩 웃으면서 거절하는 법을 연구해 본다.

그러나 난 단 한 번도 당당하게 거절한 기억이 없고, 그러고는 되레 이상한 뒷담화에 시달리며 분노가 치밀기도 한다.

그런 날은 몇 배나 더 피곤하고 편두통이 몰려온다. 이 시간이면 훨씬 더 피곤하고 옆구리에 심한 통증까지 느끼고 있다.

그래도 난 또다시 웃을 수밖에 없다는 걸 절감한다. 히죽히죽 웃음이 나온다.

좀 더 편안하고 깊은 잠을 자고 싶다는 염원?

조금 더 자유롭고 싶다는 생각이 간절할 때는 더욱더 간절하게 자고 싶다.

눈을 절반쯤 감고 방 안 구석구석을 두리번거린다.

뒷목이 뻐근하다.

통증을 외면하고 싶어진다.

내 영혼을 잠재우고 싶어진다.

그리고 또 다른 반란이 고갤 주억거리고 있다.

또 다른 하루가 날 기다리고 있다는 기대감도 없으면서 왜 이리도 바쁜 척하고 있는지 모르겠다.

이놈의 오지랖은 도대체 어디에서 솟아나고, 잡초처럼 짓이겨지는 상황 속에서도 수그러들 생각은 전혀 없는 듯 헤헤거리고 있는지 모르겠다.

딸아이가 요즘 들어 생뚱맞게 전화를 자주 하는 듯하다. 임신을 하고 나니 엄마 생각이 나는지 실소가 머금어진다.

"웬일이셔? 딸이 전화를 자주 하고? 이 엄니가 황홀하넹?"

"그냥~ 엄마는 뭐 하고 있나 궁금해서. 어서 밥 잡숫고 쉬세요."

허튼 너스레일망정 딸아이가 전화를 걸어오면 실실 웃어 준다.

딸아이 기억 속의 내 목소리는 한 옥타브쯤 올라가고 달떠 있는 그런 목소리일 게다.

억지춘향으로라도 언제나 씩씩하고 열정에 넘치는 목소리로 통화를 했기에 딸아이는 나를 처음부터 슈퍼우먼쯤으로 기억하고 있을지도 모른다. 그 애가 웃으면 나는 더 이상 바랄 게 없다고 생각하면서 내 살이를 지탱시켜 왔으니 말이다.

왜 진즉 거절하는 법을 터득하지 못했을까?

그랬더라면 이보다는 좀 더 여유로운 미소를 지을 수도 있었을 텐데….

그런데 왜 그런지 지금도 난 거절하는 법을 굳이 배우고 싶진 않다. 그것을 꼭 배워야 된다면 훨씬 더 있다가 생각해 볼 일이다.

나무십자가

내 목에 걸려 있는 나무십자가를 슬그머니 만지작거려 본다.

모태신앙에다 지금껏 살면서 내가 그 무거운 십자가를 지니고 사는 것을 단 한 번도 내 마음에서 허락지 않았던 까닭이다.

그런 내가 어제는 합천에 다녀왔다. 운전은 하지 않았지만 내게 있어서 장거리여행은 아직 무리였다.

폭염을 뚫고 달려간 그곳!

그 무더위에 전도사님은 우리 일행을 반갑게 맞아 주시며 나무십자가를 주셨다(백숙과 수박도). 폐암 말기환자가 손수 나무를 다듬어 만드셨단다. 처음으로 목에 십자가를 걸었다.

오늘 아침에 운동 후 씻고 난 다음에 십자가를 목에 걸고는 어제의 여행을 생각해 보았다. 내 목에 가시가 꽉 박혀 버린 그 많은 스트레스가 조금은 누그러진 듯 마음이 느긋해졌음을 자인해 본다.

그리고 아침 8시에 출발해서 온다던 사위한테 전화를 걸었다.

결혼 후 처음 오는 신행인데!

여러 번 전화를 걸었는데 받지 않아 약간은 불안했으나 네 번째는 문자를 남겼다. 준비 중일 거라는 생각을 하고 다시 걸었더니 그제야 받았다.

"출발했어?"

"지금 하려구요!"

"나 좀 봐줘. 결혼 후 처음 오는 건데 내가 씨암탉은 못 잡아 줘도 밥은 해 줘야 되는데 오늘은 안 되겠어. 내가 좀 상황이 안 좋아. 이해해 줘!"

"그럴까요?"

어제 합천에서 돌아오며 다짐했었다. 오늘 오전 출발한다던 시간까지 딸아이한테서 전화가 오지 않으면 오는 것을 막아야겠다고.

그런데 8시가 넘었는데도 전화가 오지 않았다.

10일에 내가 문자로 싫은 소릴 했었다. 우린 한번 틀어지면 좀 격렬하게 뒤엉킨다.

내가 내린 결정이 얼마나 유치한 것인지는 상관치 않는다. 딸아이를 보는 순간 내가 어찌 나갈지 두려웠다.

지금껏 참고 묵인하고 또 참아 내며 내 삶 전체를 오로지 딸아이한테만 올인하고도,

"난 절대로 딸아이한테 날개를 달아 주며 혼신의 노력을 다한 것에 절대로 후회하지 않아!"

하면서 당당했던 내 자신을 믿을 수 없을 만치 5월에 시작해서 6월 29일에 결혼식을 마치고 신혼여행을 다녀온 7월 10일까지의 시간 속에서 난 그저 입만 쩌억 벌리고 있을 뿐이다.

이 순간도 난 아무것도 하지 못하고 물끄러미 빈손인 나를 느껴 본다. 나 자신을 향해 참을 수 없는 분노가 치민다.

그래서 난 그 애들을 정상적인 눈으로 바라볼 수가 없을 것 같아서

오지 말라고 한 것이다.

내 형제들, 그리고 나를 아는 모든 이들이 다 나에게 미쳤다고 했었다. 언니들은 나에게 눈물까지 보이며 안타까워했었다.

내가 미친 듯이 준비해 놓은 노후대책까지 깡그리 바닥을 내고 거기에 지금은 빚까지 껴안고 있는 내 모습이 너무 싫다.

한 달에 200만 원을 갚는데, 그중 120만 원이 이자라서 갚아도 갚아도 끝이 보이지 않는다. 2011년 사고 이후부터 내 수입이 없어서 더 많은 답답함이 나를 을러대고 있다.

그런저런 얘기들을 딸아이한테 말하는 자체가 싫고 또 싫다.

요즘의 나는 반미치광이나 다름없다.

난 지금 목에서 대롱거리는 나무십자가를 쓰다듬으며 나 자신을 타이른다.

그래 걱정하지 마.

내가 누구야, 오뚝이 아니야?

장애 1급에서, 그리고 졸업 후 사글세 1만 5천 원에서 예까지 왔으면 더 이상 바랄게 뭐 있겠어.

난 해낸 거야!

난 딸아이에게 날개를 달아 주기 위해 내 손에 있는 지문이 없어질 만치 닥치는 대로 일했었다. 누구의 도움도 없이 여기까지 왔으면 성공한 거 아닌가?

부자들에겐 비웃음거리가 되겠지만 난 성공한 게 분명해!

난 어느 순간에도 타인에게 내어줄 넓은 가슴이 있어!

그러니 너무 슬퍼하지 말고 힘내라!

누가 그랬지, 빚도 재산이라고.

난 절대로 쓰러지지 않을 거야!

돌아갈 날을 받아 놓은 폐암 말기 환우님도 나무를 갈고 다듬어 내 목에 나무십자가를 만들어 주셨는데 난 앞으로 무궁무진한 잠재력을 지니고 있거든?

그래, 힘을 내 보자!

어차피 인간은 모두 한 개체고 유일하게 혼자일 수밖에 없는 그런 특권을 가지고 있잖아?

감사합니다, 나무십자가를 주셔서!

돈도 없는 것이

"돈도 없는 것이…."

난 이런 말을 참 많이 듣고 산다. 그도 그럴 것이, 어디 가서 누구랑 무엇을 먹고 무엇을 사도 내가 돈을 지불해야 맘이 편하다.

그리고 먼저 '밥 먹자' 해 놓고 밥값을 내지 않는 그런 자들이 꼭 푼수라느니 뭐가 어떻다느니 뒷말을 한다.

암튼 남의 말 하기 좋아하는 것은 세상사에서 가장 필수인 듯!

말도 많고 탈도 많은 세상에서 어떻게 그네들이 지껄이는 말을 일일이 귀담아 듣고 이해를 시킬 수 있겠는가?

난 다른 사람들이 뭐라고 하는 것에 그다지 신경 쓰지 않고 무시하는 쪽이다.

사무실에서도 그렇다. 자기들끼리 밥을 먹을 때는 각자 더치페이를 한다. 그러다가도 내가 끼게 되면 그네들은 단 한 번도 밥값을 내지 않는다. 나보다 월급을 서너 배나 더 타는 직원들은 더 짜다! 그러니까 당연히 내가 내는 게 훨씬 더 편하다.

난 원래 돈에 대해 개념이 없는 편이다. 어쩌면 선친의 탓일 수도 있겠다. 그분은 화수분처럼 내가 요구하는 돈을 다 주신 것 같다.

그렇다고 내가 생각 없이 흥청망청 살았다고는 생각지 않는다. 선친이 가르쳐 주신 대로 베풀려고 노력하며 살았을 뿐 내가 더 가지려고 욕심을 부리거나 가책을 느껴 가면서 살지는 않았지 싶다.

사무실에 있으면 별의별 장수가 다 온다. 그들이 한 바퀴 휘 돌아 나올 때 아무도 팔아 주지 않으면 난 그네들을 그냥 보낼 수 없어 필요 없는 물건이라도 꼭 하나씩 사 준다. 하다못해 남자팬티까지도 사 봤다. 그래야 맘이 편하다.

그러면 으레 내 뒤통수를 후려치는 말 한마디!

"돈도 없는 것이 잘난 척은…."

맞다. 난 돈도 없고 부자도 아니다. 다만 나 자신에게 투자해야 되는 것에는 최대한 절약을 하는 편이다. 화장지 한 칸이라도 허투루 쓰지 않는 게 몸에 배었다. 죽을 때 가져갈 것도 아닌데 무엇 때문에 악착같이 착복하고 흉물스럽고 쩨쩨하게 구는가. 남의 것이라면 공짜니까 어떻게 해서라도 가져가야 되고, 남보다 하나라도 덜 가지면 배가 아파 못 견뎌 하는 것이 세상살이 원칙이고 살아 내야 될 가치라면 난 차라리 살고 싶지 않다.

내 뒤통수에 대고 '돈도 없는 것이' 하며 비웃는 사람들에게 한마디 하고 싶다.

그럼 돈 많은 너희들이 한번 써 보시지 그래?

아무러면 어떤가. 내가 숨 쉬고 사는 공간에서 내가 자유로워야 살아야 될 가치관도 생기지 않는가.

설령 내가 설득력이 부족하고 객관성이 없다 해도 난 타인에게 피해를 주지 않는 선에서 최선을 다해 살고 있다.

따뜻한 이별

"죄송해서 어쩌죠? 제 동생이 어려운 일에 처해서 이번에 보험회사에 들어갔데요. 그래서 부득이 그쪽으로 자동차보험을 들어야 될 것 같네요. 정말 고민 많이 했어요!"

"무슨 말씀을요! 당연히 동생한테 주셔야죠!"

"당연히는 아니죠. 그런데 하도 여러 번 전화가 와서…. 그동안 감사했습니다. 다음에 기회 있으면…."

"많이 감사했습니다. 가끔 연락드려도 되죠? 행복하세요."

"그럼요."

4월 갱신될 자동차를 점검하던 중 미비한 부분을 확인하기 위해 고객한테 전화를 걸었더니 너무 미안해하며 몇 번이나 반복하는 그분에게 너무 깊이 감사드리며 가슴이 먹먹해 숨이 가빠 온다.

별나다 별나!

내 고객들은 대부분 내가 이곳에서 먹은 나이와 함께 나랑 여기까지 왔다. 그래도 친척이 보험사에 취직을 하면 미안해하며 몇 번씩 인사를 하고 떠난다. 그리고 때론 1년 내지 3년 있다가도 다시 나를 찾는다. 그런데 내 형제, 친척은 전혀 그렇지 않다.

내가 별난 것인지, 아니면 내 고객들이 별난 것인지, 그것도 아니면 내가 아는 지인들이 그런 것인지….

이런 경우에 봉착하면 난 또 다른 소용돌이에 휘말리곤 한다. 내가 이젠 벗어나고 있음이다. 언제 김 아무개가 부모형제 그늘에서 살았다고!

그렇다. 나를 사랑해 준 고객들이 있어서, 나를 믿어 준 고객들 덕분에 예까지 왔지 않은가?

미련을 버리니 요즘 조금쯤은 마음이 홀가분해진다.

좀 더 느긋하고 의젓하게 나를 버리는 자를 나도 과감하게 버려야 된다! 이 아픔을 조금씩은 무디어진 칼끝으로 연마를 해야 된다.

내가 해야 되고 내가 짊어져야 될 몫을 타인에게 전가시키는 우를 범해선 안 된다.

이별 앞에서도 이젠 무덤덤해져야 된다는 것을 알기에 이별연습을 굳이 안 해도 미리 아파하지 않아도 될 것 같은 무던함이 이젠 내게도 다가올 모양이다!

이 아침 갑자기 내가 변할지도 모른다는 사실에 가슴이 탁 멎고 먹먹해져 옴을 느낀다. 무딘 통증이 밀려온다.

어디까지 왔니?

우리 꽃 축제가, 내가 그토록 염원했던 무궁화 축제가 드디어 우리 옆 완주군에서 치러졌다. 성격상 축제기간에는 가는 걸 미뤄 놨다가 어제 동무 둘을 동행하고 행사장 부근을 빙글빙글 돌았다. 고산면·완주군 일대, 고산 휴양림을 돌면서 우리나라 참 좋은 나라!

그러나 어디를 가나 가슴 한편이 스산하고 한기가 느껴지는 것을 어쩌지 못했다. 내 차 유리 앞에 부착된 장애자 스티커 때문에 어디든 다 들어갈 수는 있었지만 그저 가슴이 와랑와랑 떨리는 아픔은 무엇인지 모르겠다.

국립공원이든 고속도로 휴게소든 크나큰 대형 마트든 어디를 가나 장애인 화장실이 마련돼 있다. 시설은 그 어디에 내놓아도 부족하지 않은 깨끗하고 안락한 화장실이다.

하나 그 좋은 시설 거의 다가 내부수리 중 아니면 청소하는 아줌마들 청소도구를 넣어 두는 창고로 전락된 지 오래다. 한 달에 한 번씩만 관리를 해도 그리 되지는 않을 것인데….

거의 모두가 공기압은 제로 상태고, 문의를 하면 기분 나쁜 어조로

응대한다. 같은 말이라도 기분 좋게 말하면 될 것을. 아직까지도 장애인들은 사람으로 인정을 안 하고 있다. 마치 어디에서 쓰다 남은 잉여인간으로 취급하는 현실이다.

장애인을 위한 행사장에 가 보면 더 기가 막힌다. 장애인이 3명이면 비장애인은 7명이고, 장애인 위주로 행사가 진행되는 게 아니고 장애인을 빌미삼아 비장애인들이 놀고먹는 축제장이다

장애인 행사장에 장애인들은 꾸어다 놓은 보릿자루에 불과하고 무슨 VIP 지정석이라고 장애인들은 얼씬도 못하게 하는 행사 진행자들의 꼴사나운 작태들은 가관이다. 행사가 있을 때마다 그네들은 보건복지부 상을 다 휩쓸어 간다. 도대체 그들이 장애인을 위한 무슨 연구를 해서 상을 휩쓸꼬?

며칠 전 행사장에서 한마디 거들었더니 다들 한마디씩 한다.

"재는 왜 와서 지랄이야?"

아는 협회장한테 한마디 했더니,

"돈 안 되는 일에 왜 끼어들려고 해?"

세상은 온통 돈 돈 돈 하다 돌고 있는 사람투성이고, 나처럼 시정하고 싶어 하는 사람은 그저 지랄하는 사람이다.

그나마 지금은 참 많이 좋아진 것이라고들 하는데도 이런 식이니 지금 어디까지 온 것이냐고 아무나 붙잡고 묻고 싶다.

하나같이 날더러 계란으로 바위 치기를 그만두라고 충고질이다.

허나 난 목에 칼이 들어온다 해도 계란으로 바위를 쳐 볼 것이다.

어디까지 왔니?

고지가 바로 저긴데 예서 그만둘 수 없지 않아?

이런 소리가 비록 환청으로 들릴지언정 나는 그리 할 것이다.

이 모든 게 나의 과욕일까

좀 더 오래 앉아 있고 싶은 게 지나친 욕심일까?

하루에도 수십 번씩 분노가 치밀어 두 손을 바들바들 떤다.

가슴뼈가 아직 붙지 않았는지 10분 이상만 앉아 있어도 가슴이 빠개지는 통증에 시달리곤 한다.

간헐적으로 내 머릿속을 꿰뚫고 지나는 말들….

"입속을 쉰일곱 바늘이나 꿰맬 정도로 다쳤는데 다행히 이는 하나도 상하지 않았네요. 에어백이 터지지 않았다면 죽었을 거예요. 그리고 얼굴이 완전히 망가질 만치 상처가 심한데 머리는 다치지 않았으니 참으로 기적입니다."

의사의 말이 이랬었던 내가 지금에 와서 서두르면 안 되겠지.

내가 불안해해서 그런지 딸아이가 늘 하는 말.

"엄마! 아주 천천히 조급하지 않게!"

사고 후 어느 날 친구가 했던 말.

"저것이 다시 살아나 사람 구실이나 할 수 있으려나!"

그런데 내가 너무 조급하게 발광을 떨고 있는 것은 아닌지….

암튼 정신이 혼미해질 때까지 모든 것을 망각할 수만 있다면 좋으련만!

매 순간 분노했다가 감사해하고, 피땀 흘리며 재활운동을 하면서도 내 가슴은 천 갈래 만 갈래 찢기는 그런 기분이다.

퇴원하고 그다음 날 아침에 눈을 뜨고 볼일 보고 씻고 나오는 데 2시간 10분이나 걸려 낑낑대며 생각했다.

'이래도 살아야 되나?'

'지금까지 왜 살아 있어?'

누가 물으면 난 이렇게 대답한다.

"어제보다 눈곱만큼 나아지니 사는 것 같다."

그래, 아주 조금씩, 아주 천천히, 그리고 죽은 듯이 견뎌 보는 거야!

분명 내가 할 일이 아직 남아 있어서 생명을 주신 이가 내 생명을 연장시켜 주신 거야.

난 이 순간에도 수없이 많은 변명거리를 만들면서 자위하고 또 다른 희망 속에서 쳇바퀴 돌듯 하루하루를 견뎌 내고 있는 중이다.

언젠가는 또 다른 웃음을 웃고 싶다.

아주 당당하게 말이다.

고통의 무게

계속되는 안구의 통증 때문에 몇 날을 아무것에도 집중할 수가 없었다. 병원에서는 일시적인 스트레스라고 하는데 너무 고통스럽다.

아침에 출근할 때도 한쪽 눈을 감고 운전하면서 내내 울었다.

우스갯소리로 봐서는 안 될 것들을 너무 많이 본 탓이라고 했지만 통증은 엄살처럼 심하다.

노트북 화면을 보는 데도 고통이 심해 짜증이 난다.

간밤에는 너무 폭폭해 한바탕 울었다.

요즘 들어 숨이 막힐 정도로 답답했지만 울 수가 없었다.

내 안에 분노와 원망과 미움의 씨앗이 도사리고 있는 한 내가 자유로워질 수 없다는 것을 알기에 더욱 두려운 것이다.

난 무엇 때문에 이토록 못 견뎌 하며 가슴속에 분노를 쌓아 가고 있는 것일까?

말뿐이었음을 절감하고 있다.

내 가슴속에 똬리를 틀고 있는 그 모든 것들을 하나씩 버려야 됨을 인정하면서도, 다 버려야 됨을 알면서도 버린다고만 했지 한 번도 그

것을 실천에 옮기려고 노력하지 않았다.

무슨 미련으로 이 지경까지 거머쥐고 왔는지 모르겠다. 내 안의 모든 것들을 깨끗이 씻어 내고 나 자신 스스로 거듭나고 싶다.

어깻죽지가 찢어발겨지는 고통 속에서도 의연한 척 기를 쓰고 견디다 보니 한계에 다다른 듯, 이제 그만 잡았던 고통의 무게에서 헤어나고 싶다는 간절함이 이 아침 나를 숙연하게 하고 있다.

말로만 하는 사랑이 아닌, 진정 가슴으로 깊이 사랑하는 법을 하나하나 터득해 보리라.

내 안에 있는 고통의 무게가 나를 일깨우고 있다. 진정 자유로워지고 싶다!

남은 자의 몫

언니를 보내고 온 그녀는 한마디 할 때마다 눈에 눈물이 그렁그렁 맺힌다.

"산 사람은 다 살아! 간 사람만 안됐지…."

말도 안 되는 얘기다. 산 사람은 그 무거운 짐을 떠난 자의 몫까지 어깨에 얹고 살아야 한다.

살아남은 자의 가슴엔 언제든지 가슴에 방 하나를 준비해야 한다. 떠난 자가 열이면 열 개의 방을! 그렇게 많은 방에 떠난 자가 이루지 못한 한과 그리움까지 떠안고 살아야 한다.

난 이 나이에도 아직껏 날 팽개치고 떠나면서 내게 갑절 이상의 고통을 안겨 주고 떠나 버린 내 동생 순이의 혼령을 안고 있다. 때론 두려움과 미움으로, 때론 아련한 그리움으로 내 가슴 한구석을 후벼 파는 망령을 평생 동안 끌어안고 살았다. 떠난 자의 몫보다 남은 자의 몫이 천만 배는 더 고통스러우리라!

그녀가 떠난 후 내가 대신 감당해 내야 됐던 고통은 이렇게 많은 시간이 흐른 지금 생각해도 아찔하고 두통을 동반한다.

지금은 기억조차 흐릿한 내 동생 순이!

난 그 애의 몫까지 사느라 삶이 훨씬 힘들었지 싶다.

그렇다고 그 애의 몫을 털어내고자 애쓰진 않았다.

그저 내가 감당해야 될 몫이려니 생각했을 뿐이다.

그랬는데 요즘 그 애가 가끔 그립다.

내 어머닌 내 앞에서 그 애를 안고 어르고 하면서 나의 목마름을 한층 더 부추겼다.

난 지금도 꿈속에서조차 목마르다. 때론 진종일 갈증에 시달리고 있다. 처절한 외로움의 갈증을….

오늘도 더 열심히 망각의 늪을 헤쳐 나가야 될 것 같다.

난 그래도 숨을 쉬고 있다.

진정한 자유로움의 내일을 위해서 말이다. 아자!

김우연 생활수상집 **사랑은 무슨?**

초판 1쇄 발행 | 2023년 5월 20일

지은이 | 김우연
발행인 | 윤영희
발행처 | 도서출판 동행
등록번호 | 제2-4991호
주소 | 서울 중구 을지로14길 16-11(2층)
전화 02-2285-0711
메일 mnb4033@naver.com

ISBN 979-11-5988-034-6